もくじ

こくご1年
教育出版版
ひろがることば しょうがくこくご

教科書ぴったりトレーニング

▶ 3分でまとめ動画

はじめのべんきょう

せんを　じょうずに　かこう①

—《せん》を　えんぴつで　なぞりましょう。

せんを じょうずに かこう②

《せん》を えんぴつで なぞりましょう。

ぴったり
トレーニング

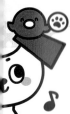

こくご1年 がんばり表

いつも見えるところに、この「がんばり表」をはっておこう。
この「ぴたトレ」をがくしゅうしたら、シールをはろう！
どこまでがんばったかわかるよ。

すきななまえを つけてね！

なまえ

ぴた犬
（おとも犬）
シールを
はろう

シールの中からすきなぴた犬をえらぼう。

おうちのかたへ

がんばり表のデジタル版「デジタルがんばり表」では、デジタル端末でも学習の進捗記録をつけることができます。１冊やり終えると、抽選でプレゼントが当たります。「ぴたサポシステム」にご登録いただき、「デジタルがんばり表」をお使いください。LINE または PC・ブラウザを利用する方法があります。

LINE用　PC・ブラウザ用

★ ぴたサポシステムご利用ガイドはこちら ★
https://www.shinko-keirin.co.jp/shinko/news/pittari-support-system

スタート

せんを　じょうずに　かこう～こえを　あわせて　あいうえお

2～3ページ	4～5ページ	6～7ページ	8～9ページ	10～11ページ
はじめのべんきょう	はじめのべんきょう	ぴったり1	ぴったり1	ぴったり1
できたらシールをはろう	できたらシールをはろう	できたらシールをはろう	できたらシールをはろう	できたらシールをはろう

あいうえおを　つかおう～しゃ、しゅ、しょ

12～13ページ	14～15ページ	16～17ページ	18～19ページ	20～21ページ	22～23ページ	24～25ページ	26～27ページ
ぴったり1	ぴったり1	ぴったり1	ぴったり1	ぴったり1	ぴったり1	ぴったり1	ぴったり1
できたらシールをはろう	できたらシールをはろう	できたらシールをはろう	できたらシールをはろう	できたらシールをはろう	できたらシールをはろう	できたらシールをはろう	できたらシールをはろう

うた～えにっきを　かこう

28～29ページ	30～31ページ
ぴったり1	ぴったり1
できたらシールをはろう	できたらシールをはろう

36～37ページ
ぴったり3
できたらシールをはろう

なつの　おもいでを　はなそう～かぞえよう

38～39ページ	40～41ページ	42～43ページ	44～45ページ	46～47ページ	48～49ページ	50～51ページ
ぴったり1	ぴったり1	ぴったり2	ぴったり1	ぴったり1	ぴったり3	ぴったり3
できたらシールをはろう	できたらシールをはろう	できたらシールをはろう	できたらシールをはろう	できたらシールをはろう	できたらシールをはろう	できたらシールをはろう

一　だいじな　ことばを　見つけて　よみ、せつめいしよう
あめの　うた～かん字の　ひろば①　日づけと　よう日

52～53ページ	54～55ページ	56～57ページ	58～59ページ	60～61ページ
ぴったり1	ぴったり1	ぴったり2	ぴったり1	ぴったり3
できたらシールをはろう	できたらシールをはろう	できたらシールをはろう	できたらシールをはろう	できたらシールをはろう

二　だれが　なにを　したかを　たしかめよう
三　しゃしんを　よく　見て、そうぞうしよう
うみへの　ながい　たび～こころが　あたたかく　なる　手がみ

62～63ページ	64～65ページ	66～67ページ	68～69ページ	70～71ページ	72～73ページ	74～75ページ
ぴったり1	ぴったり2	ぴったり1	ぴったり2	ぴったり1	ぴったり3	ぴったり3
できたらシールをはろう	できたらシールをはろう	できたらシールをはろう	できたらシールをはろう	できたらシールをはろう	できたらシールをはろう	できたらシールをはろう

四　ようすを　おもいうかべながら　よもう
スイミー～どくしょの　ひろば　「おはなしどうぶつえん」を　つくろう

76～77ページ	78～79ページ	80～81ページ	82～83ページ
ぴったり1	ぴったり2	ぴったり3	ぴったり3
できたらシールをはろう	できたらシールをはろう	できたらシールをはろう	できたらシールをはろう

ことと　むすびつけて　よもう
ひろば③　かわる　よみかた

84～85ページ	86～87ページ	88～89ページ
ぴったり1	ぴったり2	ぴったり3
できたらシールをはろう	できたらシールをはろう	できたらシールをはろう

ことを　おとさないように　きこう
た　学校の　こと～ことばの　ひろば③
えよう

92～93ページ
ぴったり1
できたらシールをはろう

七　まとまりに　わけて　かき、ぶんしょうの　よい　ところを　見つけよう
おもい出の　アルバム～ことばの　ぶんか②　しりとりで　あそぼう

94～95ページ	96～97ページ
ぴったり1	ぴったり3
できたらシールをはろう	できたらシールをはろう

八　おはなしを　よんで　おもった　ことを　つたえよう
お手がみ

98～99ページ	100～101ページ	102～103ページ
ぴったり1	ぴったり2	ぴったり3
できたらシールをはろう	できたらシールをはろう	できたらシールをはろう

ひろがることば
これまで　これから

104ページ
ぴったり3
できたらシールをはろう

ゴール

さいごまで
がんばったキミは
「ごほうびシール」
をはろう！

教科書ぴったりトレーニングの使い方

『ぴたトレ』は教科書にぴったり合わせて使うことができるよ。教科書も見ながら、勉強していこうね。ぴた犬たちが勉強をサポートするよ。

ふだんの学《がく》習《しゅう》

ぴったり1 じゅんび

めあて を　たしかめて、もんだいに　とりくもう。はじめに　あたらしい　かん字《じ》や　ことばの　いみを　おさえるよ。ものがたりや　せつめい文《ぶん》は　3分でワンポイント　で　ポイントを　つかもう。　QRコードから「3分でまとめ動画」が視聴できます。

※QRコードは株式会社デンソーウェーブの登録商標です。

↓

ぴったり2 れんしゅう

ものがたりや　せつめい文の　もんだいを　れんしゅうするよ。
ヒント を　見《み》ながら　といて　みよう。

↓

ぴったり3 たしかめのテスト

「ぴったり１・２」が　おわったら、とりくんで　みよう。かんがえを　書《か》く　もんだいにも　チャレンジしよう。
ふりかえり を　見て　前《まえ》に　もどって　かくにんしよう。

↓

実《じつ》力《りょく》チェック

- なつのチャレンジテスト
- ふゆのチャレンジテスト
- はるのチャレンジテスト
- 1年 こくごのまとめ　学力しんだんテスト

夏《なつ》休《やす》み、冬《ふゆ》休み、春《はる》休み前に　とりくんで　みよう。学期《がっき》や　学年《がくねん》の　おわりの　テストの　前に　やっても　いいね。

ふだんの　学習が　おわったら、「がんばり表」に　シールを　はろう。

別《べっ》冊《さつ》

まるつけ ラクラクかいとう

赤《あか》字の　「答《こた》え」を　見て、答え合《あ》わせを　しよう。まちがえたり、わからなかったりした　もんだいは、おうちの　人《ひと》と　いっしょに　「てびき」を　読《よ》んで　見直《なお》そう。

おうちのか[…]

本書『教科書ぴったりトレーニング[…]項をつかむ「ぴったり１　じゅんび」[…]れんしゅう」、テスト形式で学習[…]「ぴったり３　たしかめのテスト」の[…]教科書の学習順序やねらいに完全対[…]学習（トレーニング）にぴったりです[…]

「観点別学習状況の評価」に[…]

学校の通知表は、「知識・技能」「思[…]習に取り組む態度」の３つの観点によ[…]

問題集やドリルでは、一般に知識[…]が、本書『教科書ぴったりトレーニン[…]学習状況の評価に基づく問題を取り入[…]ことをねらいました。

ぴったり３ たしかめのテスト

●「思考・判断・表現」のうち、特に思[…]説明したりすることなど）を取り上[…]現」と表示しています。

チャレンジテスト

●主に「思考・判断・表現」を問う問題[…]ています。

別冊『まるつけラクラクかい[…]

おうちのかたへ では、次のようなものを示しています。

- 学習のねらいやポイント
- 他の学年や他の単元の学習内容とのつながり
- まちがいやすいことやつまずきやすいところ

お子様への説明や、学習内容の把握などにご活用ください。

教科書[…]

きゃきゅきょ[…]

32~33ペー[…] ぴったり1 できたらシールをはろう

34~35ペー[…] ぴったり2 できたらシールをはろう

五　した[…] ゆき~かん字[…]

90~91ペー[…] ぴったり3 できたらシールをはろう

六　ききた[…] はじめて　し[…] ことばで　つ[…]

教科書ぴったりトレーニング

こくご

バッチリポスター

1年生で ならう かん字①

★1年生で ならう かん字を、ならべて います。（①と ②の、二かいに わけて います。）

★かん字ごとに、かくすう、よみかた、かきじゅん（ひつじゅん）を しめして います。

★（ ）は、小学校では ならわない よみかたです。

まちがえやすい かん字は、☑に チェックを して おこう！

1かく
一
一
イチ・イツ
ひと・ひとつ

一《いち》ばん

2かく
二
二二
ニ
ふた・ふたつ

二《ふた》つ

3かく
三
三三三
サン
み・みつ・みっつ

三《さん》びき

5かく
四
四四四四四
シ
よ・よつ・よっつ
よん

四《よ》人《にん》

4かく
五
五五五五
ゴ
いつ・いつつ

五《いつ》つ

4かく
六
六六六六
ロク
む・むつ・むっつ
むい

六《むっ》つ

2かく
七
七七
シチ
なな・ななつ
なの

七《なな》ひき

2かく
八
八八
ハチ
や・やつ・やっつ
よう

八《やっ》つ

2かく
九
九九
キュウ・ク
ここの・ここのつ

九《きゅう》はい

2かく
十
十十
ジュウ・ジッ
とお・と
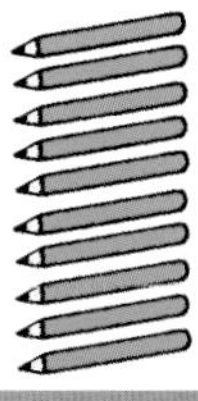
十本《じっぽん》

6かく
百
百百百百百百
ヒャク

百円玉《ひゃくえんだま》

3かく
千
千千千
セン
ち

千羽《せんば》づる

4かく
円
円円円円
エン
まるい

円《えん》に なる

5かく
玉
玉玉玉玉玉
ギョク
たま

玉入《たまい》れ

3かく
夕
夕夕夕
（セキ）
ゆう

夕日《ゆうひ》

早
ソウ・（サッ）
はやい・はやまる
はやめる
早《はや》おき

日
ニチ・ジツ
ひ・か
お日《ひ》さま

月
ゲツ・ガツ
つき

火
カ
ひ・（ほ）
火《ひ》を つける

水
スイ
みず

下（3かく）
カ・ゲ
した・しも・さげる
さがる・くだる
くだす・くださる
おろす・おりる
(もと)

木《き》の 下《した》

天（4かく）
テン
(あめ)・あま

天気《てんき》

川（3かく）
(セン)
かわ

川《かわ》

木（4かく）
ボク・モク
き・こ

みどりの 木《き》

早（6かく）

大（3かく）
ダイ・タイ
おお・おおきい
おおいに

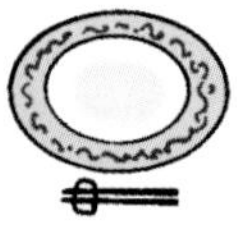
大《おお》ざら

気（6かく）
キ・ケ

元気《げんき》

林（8かく）
リン
はやし

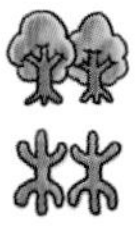
林

金（8かく）
キン・コン
かね・かな

お金《かね》を はらう

（4かく）

小（3かく）
ショウ
ちいさい
こ・お

小《ちい》さい

右（5かく）
ウ・ユウ
みぎ

右手《みぎて》

森（12かく）
シン
もり

森《もり》

土（3かく）
ド・ト
つち

はたけの 土《つち》

（4かく）

月

中（4かく）
チュウ・ジュウ
なか

あなの 中《なか》

左（5かく）
サ
ひだり

左足《ひだりあし》

雨（8かく）
ウ
あめ・あま

雨

田（5かく）
デン
た

田《た》んぼ

（4かく）

正（5かく）
セイ・ショウ
ただしい・ただす
まさ

正《ただ》しい 字《じ》

上（3かく）
ジョウ・(ショウ)
うえ・うわ・かみ
あげる・あがる
のぼる・(のぼせる)
(のぼす)

山《やま》の 上《うえ》

空（8かく）
クウ
そら・あく・あける
から

青《あお》い 空《そら》

山（3かく）
サン
やま

山

（4かく）
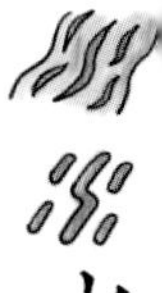
水

教科書ぴったりトレーニングの使い方

『ぴたトレ』は教科書にぴったり合
できるよ。教科書も見ながら、
ぴた犬たちが勉強をサポートす

ふだんの学習《がくしゅう》

ぴったり1 じゅんび

めあて を　たしかめて、もんだいに　とりくも
はじめに　あたらしい　かん字《じ》や　ことばの　い
えるよ。ものがたりや　せつめい文《ぶん》は　3分でワン
ポイントを　つかもう。　QR コードから「3 分でまとめ動画」

※QR コードは株式会社デンソーウェーブ

ぴったり2 れんしゅう

ものがたりや　せつめい文の　もんだいを　れん
するよ。
ヒント を　見《み》ながら　といて　みよう。

ぴったり3 たしかめのテスト

「ぴったり1・2」が　おわったら、とりくんで
かんがえを　書《か》く　もんだいにも　チャレンジし
ふりかえり を　見て　前《まえ》に　もどって　か
よう。

実力《じつりょく》チェック

- なつのチャレンジテスト
- ふゆのチャレンジテスト
- はるのチャレンジテスト
- 1年 こくごのまとめ 学力しんだんテスト

夏《なつ》休《やす》み、冬《ふゆ》休み、春《はる》休み前に
とりくんで　みよう。学期《がっき》や
学年《がくねん》の　おわりの　テストの
前に　やっても　いいね。

ふだんの　学
おわったら、
に　シールを

別冊《べっさつ》

まるつけ ラクラクかいとう

赤《あか》字の　「答《こた》え」を　見て、答え合《あ》わせを　し
まちがえたり、わからなかったりした　もん
おうちの　人《ひと》と　いっしょに　「てびき」を
見直《なお》そう。

表

すきななまえを
つけてね！

なまえ

ぴた犬
（おとも犬）
シールを
はろう

シールの中からすきなぴた犬をえらぼう。

おうちのかたへ

がんばり表のデジタル版「デジタルがんばり表」では、デジタル端末でも学習の進捗記録をつけることができます。１冊やり終えると、抽選でプレゼントが当たります。「ぴたサポシステム」にご登録いただき、「デジタルがんばり表」をお使いください。LINE または PC・ブラウザを利用する方法があります。

LINE用　PC・ブラウザ用

ぴたサポシステムご利用ガイドはこちら
https://www.shinko-keirin.co.jp/shinko/news/pittari-support-system

スタート

せんを　じょうずに　かこう～こえを　あわせて　あいうえお

2～3ページ　はじめのべんきょう　できたらシールをはろう
4～5ページ　はじめのべんきょう　できたらシールをはろう
6～7ページ　ぴったり1　できたらシールをはろう
8～9ページ　ぴったり1　できたらシールをはろう
10～11ページ　ぴったり1　できたらシールをはろう
12～13ページ　ぴったり1　できたらシールをはろう
14～15ページ　ぴったり1　できたらシールをはろう
16～17ページ　ぴったり1　できたらシールをはろう

48～49ページ　ぴったり3　できたらシールをはろう
50～51ページ　ぴったり3　できたらシールをはろう

一　だいじな　ことばを　見つけて　よみ、せつめいしよう

あめの　うた～かん字の　ひろば①　日づけと　よう日

52～53ページ　ぴったり1　できたらシールをはろう
54～55ページ　ぴったり1　できたらシールをはろう
56～57ページ　ぴったり2　できたらシールをはろう
58～59ページ　ぴったり1　できたらシールをはろう
60～61ページ　ぴったり3　できたらシールをはろう

二　だれが　なにを　したかを　たしかめよう
三　しゃしんを　よく　見て、そうぞうしよう

うみへの　ながい　たび～こころが　あたたかく　なる　手がみ

62～63ページ　ぴったり1　できたらシールをはろう
64～65ページ　ぴったり2　できたらシールをはろう
66～67ページ　ぴったり1　できたらシールをはろう
68～69ページ　ぴったり2　できたらシールをはろう
70～71ページ　ぴったり1　できたらシールをはろう
72～73ページ　ぴったり3　できたらシールをはろう
74～75ページ　ぴったり3　できたらシールをはろう

八　おはなしを　よんで　おもった
ことを　つたえよう

お手がみ

98～99ページ　ぴったり1　できたらシールをはろう
100～101ページ　ぴったり2　できたらシールをはろう
102～103ページ　ぴったり3　できたらシールをはろう

ひろがることば
これまで　これから

104ページ　ぴったり3　できたらシールをはろう

ゴール

さいごまで
がんばったキミは
「ごほうびシール」
をはろう！

教科書ぴったりトレーニング　国語　1年　教育出版版　折込①（オモテ）

教科書ぴったりトレーニング こくご1年 がんばり表

いつも見えるところに、この「がんばり表」をはっておこう。
この「ぴたトレ」をがくしゅうしたら、シールをはろう！
どこまでがんばったかわかるよ。

あいうえおを　つかおう～しゃ、しゅ、しょ

- 26～27ページ　ぴったり1　できたら シールを はろう
- 24～25ページ　ぴったり1　できたら シールを はろう
- 22～23ページ　ぴったり1　できたら シールを はろう
- 20～21ページ　ぴったり1　できたら シールを はろう
- 18～19ページ　ぴったり1　できたら シールを はろう

きゃきゅきょの　うた～えにっきを　かこう

- 32～33ページ　ぴったり1　できたら シールを はろう
- 30～31ページ　ぴったり1　できたら シールを はろう
- 28～29ページ　ぴったり1　できたら シールを はろう
- 34～35ページ　ぴったり2　できたら シールを はろう
- 36～37ページ　ぴったり3　できたら シールを はろう

なつの　おもいでを　はなそう～かぞえよう

- 38～39ページ　ぴったり1　できたら シールを はろう
- 40～41ページ　ぴったり1　できたら シールを はろう
- 42～43ページ　ぴったり2　できたら シールを はろう
- 44～45ページ　ぴったり1　できたら シールを はろう
- 46～47ページ　ぴったり　できたら シールを はろう

四　ようすを　おもいうかべながら　よもう

スイミー～どくしょの　ひろば　「おはなしどうぶつえん」を　つくろう

- 82～83ページ　ぴったり3　できたら シールを はろう
- 80～81ページ　ぴったり3　できたら シールを はろう
- 78～79ページ　ぴったり2　できたら シールを はろう
- 76～77ページ　ぴったり1　できたら シールを はろう

五　した　ことと　むすびつけて　よもう

ゆき～かん字の　ひろば③　かわる　よみかた

- 90～91ページ　ぴったり3　できたら シールを はろう
- 88～89ページ　ぴったり3　できたら シールを はろう
- 86～87ページ　ぴったり2　できたら シールを はろう
- 84～85ページ　ぴったり1　できたら シールを はろう

六　ききたい　ことを　おとさないように　きこう

はじめて　しった　学校の　こと～ことばの　ひろば③
ことばで　つたえよう

- 92～93ページ　ぴったり1　できたら シールを はろう

七　まとまりに　わけて　かき、ぶんしょうの
よい　ところを　見つけよう

おもい出の　アルバム～ことばの　ぶんか②　しりとりで　あそぼう

- 94～95ページ　ぴったり1　できたら シールを はろう
- 96～97ページ　ぴったり3　できたら シールを はろう

おうちのかたへ

本書『教科書ぴったりトレーニング』は、教科書の要点や重要事項をつかむ「ぴったり１　じゅんび」、問題に慣れる「ぴったり２　れんしゅう」、テスト形式で学習事項が定着したか確認する「ぴったり３　たしかめのテスト」の３段階構成になっています。教科書の学習順序やねらいに完全対応していますので、日々の学習（トレーニング）にぴったりです。

「観点別学習状況の評価」について

学校の通知表は、「知識・技能」「思考・判断・表現」「主体的に学習に取り組む態度」の３つの観点による評価がもとになっています。

問題集やドリルでは、一般に知識を問う問題が中心になりますが、本書『教科書ぴったりトレーニング』では、次のように、観点別学習状況の評価に基づく問題を取り入れて、成績アップに結びつくことをねらいました。

ぴったり３　たしかめのテスト

●「思考・判断・表現」のうち、特に思考や表現（予想したり文章で説明したりすることなど）を取り上げた問題には「思考・判断・表現」と表示しています。

チャレンジテスト

●主に「思考・判断・表現」を問う問題かどうかで、分類して出題しています。

別冊『まるつけラクラクかいとう』について

おうちのかたへ では、次のようなものを示しています。

- 学習のねらいやポイント
- 他の学年や他の単元の学習内容とのつながり
- まちがいやすいことやつまずきやすいところ

お子様への説明や、学習内容の把握などにご活用ください。

内容の例

おうちのかたへ
物語を読むときには、登場人物の会話や行動に注目しましょう。「うまくできるかな（→不安）」「力いっぱい拍手をした（感動）」など、直接文章に書かれていない心情が会話や行動から読み取れることがあるからです。

（切り取り線）

教科書ぴったりトレーニング

こくご

バッチリポスター

1年生で ならう かん字②

★1年生で ならう かん字を、ならべて います。
（①と ②の、二かいに わけて います。）
★かん字ごとに、かくすう、よみかた、かきじゅん（ひつじゅん）を しめして います。
★（ ）は、小学校では ならわない よみかたです。

まちがえやすい かん字は、☑に チェックを して おこう！

目
5かく

モク・（ボク）
め・（ま）

目《め》が さめる

白
5かく

ハク・（ビャク）
しろ・しろい
しら

白《しろ》い 雪《ゆき》

子
3かく

シ・ス
こ

子《こ》ども

犬

ケン
いぬ

犬《いぬ》が ほえる

耳
6かく

（ジ）
みみ

耳《みみ》を すます

赤
7かく

セキ・（シャク）
あか・あかい
あからむ
あからめる

赤《あか》しんごう

王
4かく

オウ

王《おう》さま

学

ガク
まなぶ

ちゅうがくせい

口
3かく

コウ・ク
くち

口《くち》を あける

青
8かく

セイ・（ショウ）
あお・あおい

青《あお》しんごう

先
6かく

セン
さき

先生《せんせい》

校

コウ

学校《がっこう》

手
4かく

シュ
て・（た）

手《て》を あげる

男
7かく

ダン・ナン
おとこ

男《おとこ》の子《こ》

生
5かく

セイ・ショウ
いきる・いかす・いける・うまれる・うむ・はえる・はやす
なま・（おう）・（き）

生《う》まれる

年

ネン
とし

年《ねん》がじょう

足
7かく

ソク
あし・たりる
たる・たす

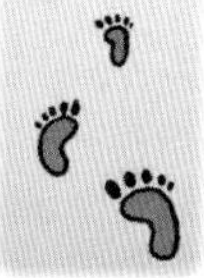

足《あし》あと

女
3かく

ジョ・（ニョ）
（ニョウ）
おんな・（め）

女《おんな》の子《こ》

人
2かく

ジン・ニン
ひと

人《ひと》と はなす

本

ホン
もと

にほん

7かく
見
見見見見見見見
ケン
みる・みえる
みせる

見

7かく
町
町町町町町町町
チョウ
まち

町《まち》

7かく
花
花花花花花花花
カ
はな

花《はな》たば

4かく
文
文文文文
ブン・モン
(ふみ)

さく文《ぶん》

4かく

5かく
出
出出出出出
シュツ・(スイ)
でる・だす

おもい出《で》

7かく
村
村村村村村村村
ソン
むら

村《むら》

6かく
竹
竹竹竹竹竹竹
チク
たけ

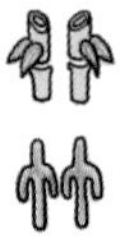
竹

6かく
字
字字字字字字
ジ
(あざ)

字

8かく
学学学

2かく
入
入入
ニュウ
いる・いれる
はいる

いえに 入《はい》る

6かく
糸
糸糸糸糸糸糸
シ
いと

け糸《いと》

5かく
石
石石石石石
セキ・シャク
(コク)
いし

石

6かく
名
名名名名名名
メイ・ミョウ
な

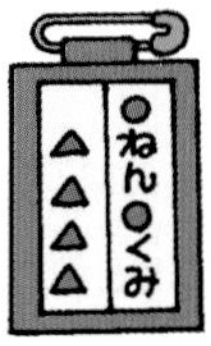

名《な》ふだ

10かく
校校校校校

5かく
立
立立立立立
リツ・(リュウ)
たつ・たてる

立《た》ち上《あ》がる

7かく
車
車車車車車車車
シャ
くるま

車《くるま》

6かく
虫
虫虫虫虫虫虫
チュウ
むし

かぶと虫《むし》

9かく
音
音音音音音音音音音
オン・(イン)
おと・ね

音《おん》がくを きく

6かく
年

6かく
休
休休休休休休
キュウ
やすむ・やすまる
やすめる

休《やす》む

2かく
力
力力
リョク・リキ
ちから

力《ちから》もち

7かく
貝
貝貝貝貝貝貝貝
かい

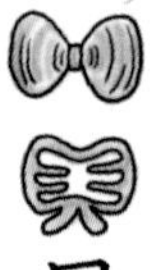
貝

9かく
草
草草草草草草草草草
ソウ
くさ

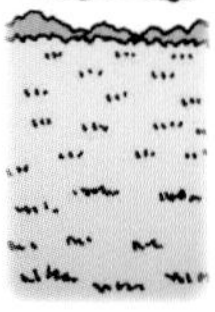
草《くさ》はら

5かく

すたあと
ごうるを
めざそう!
ごうる

ぴったり1
じゅんび

なかよしの　みち
あかるい　あいさつ

★めあて
★えを　みながら　はなしを　そうぞうし、きづいた　ことを　はなそう。
★ばめんに　あう　あいさつを　しよう。

がくしゅうび
月　日

きょうかしょ
上1～7ページ

こたえ
2ページ

なかよしの　みち

1 えを　みて　みんなは　どんな　あそびを　して　いますか。こえに　だして　いいましょう。

あかるい　あいさつ

2 えを　みて　ふきだしの　あいさつを　こえに　だして　いいましょう。

3 えを　みて　いちにちの　よていの　じゅんばんに　すうじを　かきましょう。

（　）

（　）

（　）

（　）

4 つぎの　ばめんで　つかう　あいさつを　Ⓐ～Ⓔから　えらんで　かきましょう。

①おれいを　いう　とき。（　）

②あやまる　とき。（　）

③ごはんを　たべおわった　とき。（　）

- Ⓐこんにちは。
- Ⓘごちそうさまでした。
- Ⓤありがとう。
- Ⓔごめんなさい。

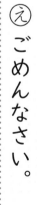

ぴったり1 じゅんび

わたしの なまえ
おはなし たくさん ききたいな
こえの おおきさ どれくらい

めあて
★じぶんの しょうかいを して みよう。
★かんそうを いおう。
★ばめんに あう こえの おおきさを たしかめよう。

がくしゅうび 月 日
きょうかしょ 上8〜13ページ
こたえ 2ページ

わたしの なまえ

1 めぐみさんが じぶんに ついて はなします。こえに だして いいましょう。

いとう めぐみさん
はい

わたしの なまえは いとう めぐみです

おはなし たくさん ききたいな

2 いままでに きいたり よんだり した ことの ある おはなしに ついて、こたえましょう。

・どんな おはなしが すきですか。おはなしの なまえを いいましょう。

・その おはなしの どんな ところが おもしろかったですか。いいましょう。

むかし むかし ……

3 がっこうの　なかでの　こえの　おおきさは　どれくらいですか。ばめんに　あわせて　いいましょう。

ろうかで

ふたりで

みんなの　まえで

こうていで

4 みんなに　はなす　つもりで　じぶんに　ついて　かきましょう。

①「わたし／ぼくの　なまえ」

わたし／ぼくの　なまえは、（　　　　　　）です。

②「わたし／ぼくの　すきな　こと」

わたし／ぼくの　すきな　ことは、（　　　　　　）です。

③「がっこうで　がんばりたい　こと」

わたし／ぼくは　がっこうで（　　　　　　）を　がんばりたいです。

ぴったり1 じゅんび

3分でまとめ

かいて　みよう
こえを　あわせて　あいうえお

めあて
★しせいや　えんぴつの　もちかたに　きを　つけて　かこう。
★こえの　おおきさや　はやさに　きを　つけて　はっきり　よもう。

がくしゅうび　　月　　日
きょうかしょ　上14～19ページ
こたえ　3ページ

1 「こえを　あわせて　あいうえお」を　よんで、こたえましょう。

あかるい　あいさつ
あいうえお
いろいろ　いきたい
あいうえお
うきうき　うたうよ
あいうえお
えんそく　えに　かく
あいうえお
おひさま　おいかけ
あいうえお

「こえを　あわせて　あいうえお」より

(1) 「うたうよ」と　ありますが、どのように　うたって　いますか。

うきうき

(2) なにを　「えに　かく」のですか。

（えんそく）

(3) 「おひさま」を　どう　するのですか。

おひさまを（おいかけ）る。

かいて　みよう

2 えに　あう　ことばを　ひらがなで　かき、こえに　だして　よみましょう。

くつ　はらう

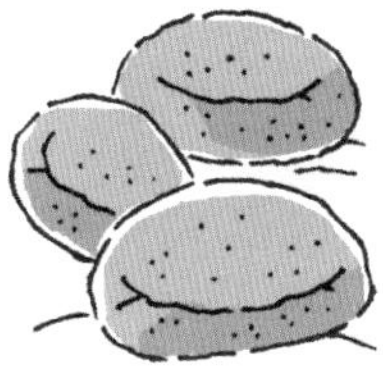

いし　はねる　とめる　はらう

とり　とめる　はねる　はらう

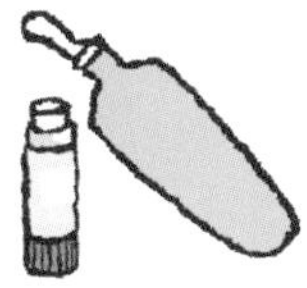

のり　はらう

かいて　みよう

3 もじを　かく　とき、ただしい　しせいは　どちらですか。ひとつに　○を　つけましょう。

かいて　みよう

4 ただしい　えんぴつの　もちかたは　どちらですか。ひとつに　○を　つけましょう。

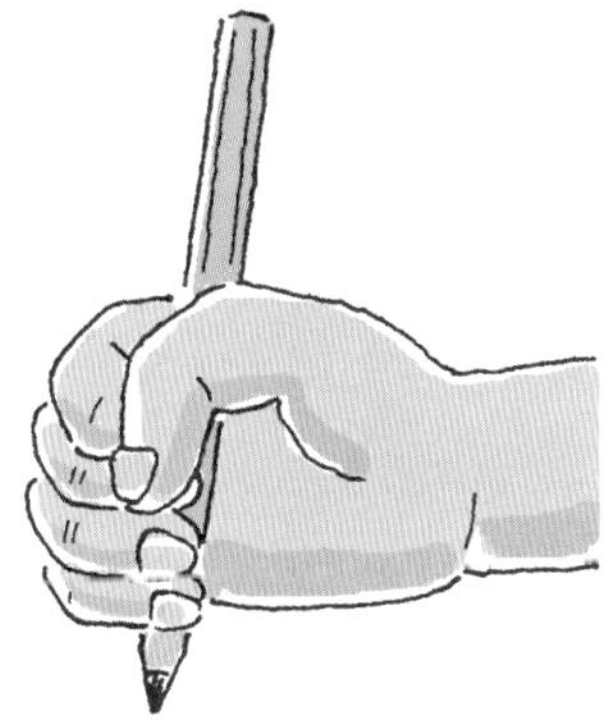

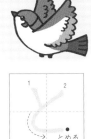

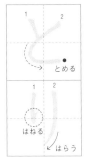

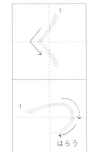

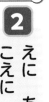

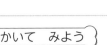

ぴったり1 じゅんび

3分でまとめ

あいうえおを つかおう
みつけて はなそう、はなしを つなごう

めあて

★ひらがなを ただしく よんだり かいたり しよう。

★えを みて はなしあい、たずねたり こたえたり しよう。

がくしゅうび　月　日

きょうかしょ　上20～23ページ

こたえ　3ページ

あいうえおを つかおう

1 えに あう ことばを ひらがなで かき、こえに だして よみましょう。

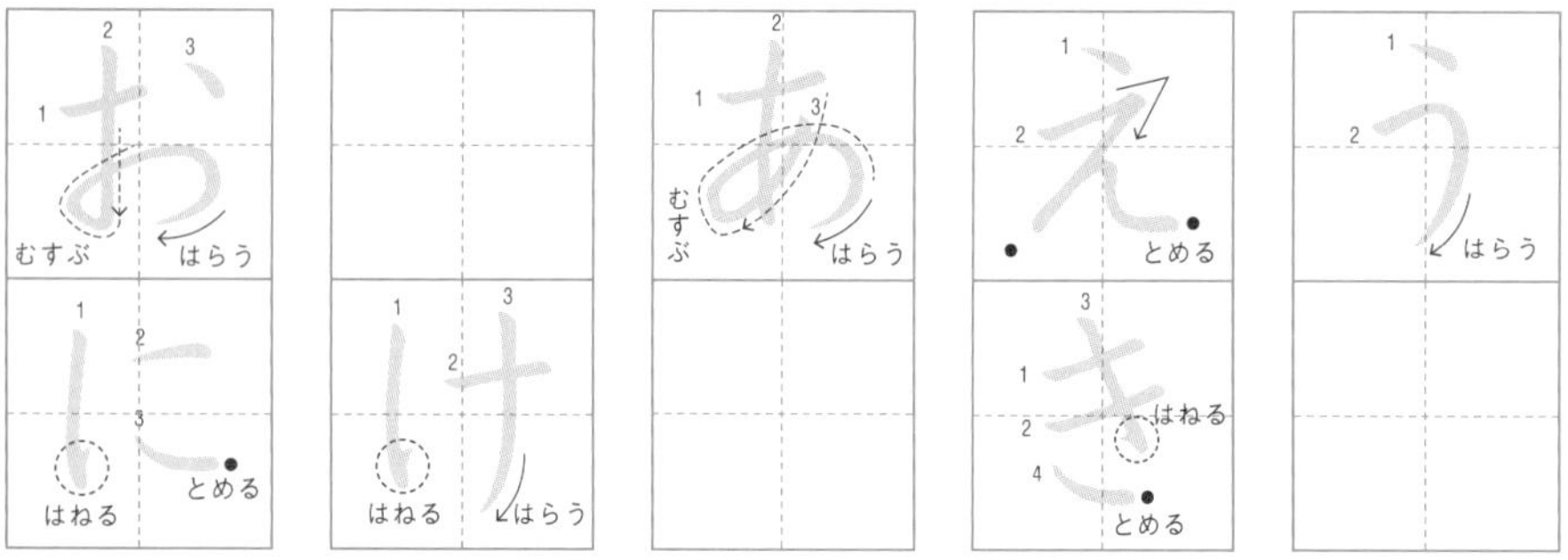

みつけて はなそう、はなしを つなごう

2 えを みて、あてはまる ことばに ○を つけましょう。

（すずめ）
（にわとり）
が
とんで いるよ。

（どこに）
（いつ）
とんで
いくのかな。

3 あいうえおから　はじまる　ことばを　ひらがなで　かきましょう。（よこに　よみます。）

あ	み				
い	る	か			
う	わ	ば	＿		
え	＿	が	か	ん	
お	＿	ぎ	ば	な	＿

4 えに　あう　ことばを□に　いれて、ぶんを　つくりましょう。

① □に　のぼる。

② □ぬが　はしる。

③ □んごを　たべる。

④ □わと□が　なく。

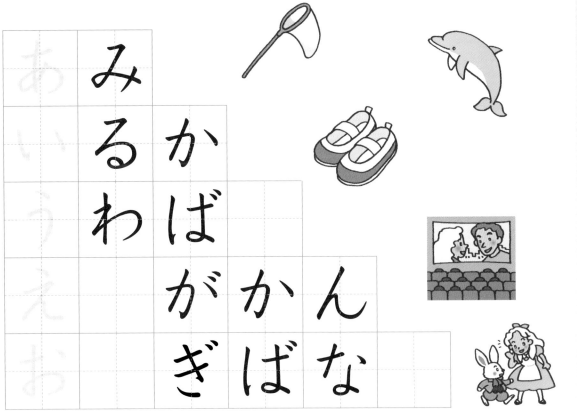

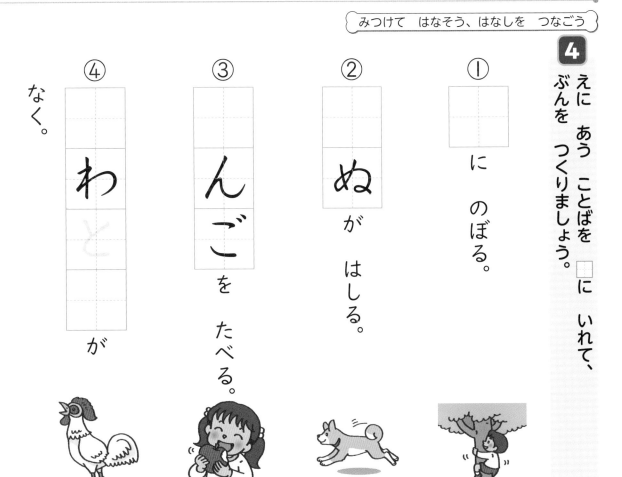

ぴったり1 じゅんび

かきと かぎ ことばを あつめよう

かきと かぎ

1 えに あう ことばを ひらがなで かき、こえに だして よみましょう。

かぎ　さる　ざ　だ

「゛」を とると どんな ことばに なるかな。

かきと かぎ

2 えに あう ことばを ひらがなで かき、こえに だして よみましょう。

ふ　ふ　ぶ　ぶ　ぷ　ぷ　や　が

くさを たべて いる。

めあて
★「てんてん」と「まる」が つく ひらがなを かこう。
★いろいろな ひらがなを かこう。

がくしゅうび　月　日

きょうかしょ　上24～27ページ

こたえ　4ページ

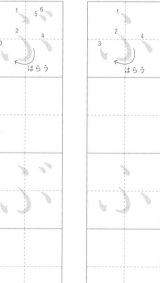

3

えに　あう　ことばを　ひらがなで　かき、こえに　だして　よみましょう。

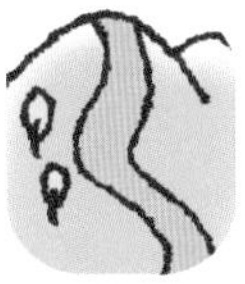

まど（とめる・とめる）　はな（はねる・むすぶ・とめる・むすぶ）　みち（むすぶ・はらう・はらう）　そら（とめる・はらう）　ぬ（むすぶ）

4

えを　みて　あう　ことばを□に　かきましょう。

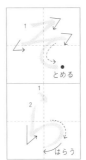

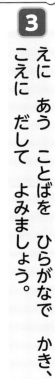

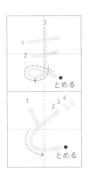

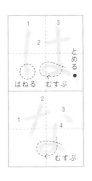

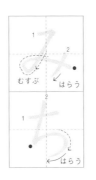

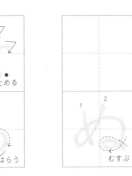

ぴったり1 じゅんび

くまさんと ありさんの ごあいさつ
ねこと ねっこ

めあて
★とうじょうじんぶつの ようすを かんがえて おんどく しよう。
★ちいさな「っ」の よみかたや かきかた、つかいかたを おぼえよう。

がくしゅうび 月 日
きょうかしょ 上28～33ページ
こたえ 4ページ

くまさんと ありさんの ごあいさつ

1 「くまさんと ありさんの ごあいさつ」に でて きた あいさつを ◯で かこみましょう。

おはよう　こんにちは　こんばんは

ねこと ねっこ

2 えに あうように ひらがなや 「っ」・「。」を かき、こえに だして よみましょう。

ね（とめる・むすぶ）

つ（はらう）て（とめる）

らっこ（はねる・とめる）

ね

よ（むすぶ・とめる）っと

せ（とめる）っ

いぬは、（とめる）
はしりました

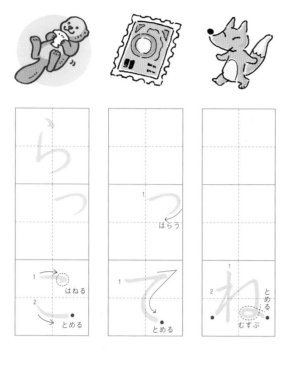

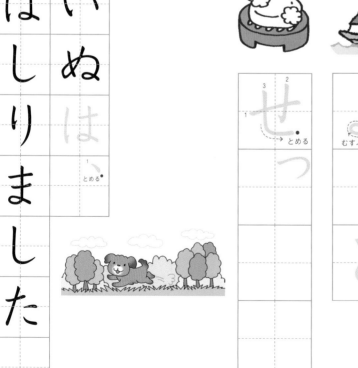

3 ぶんしょうを　よんで、こたえましょう。

ありさんは、にもつを　せおって　います。

くまさんが、

「たいへんですね。」

と、こえを　かけると、ありさんは、

「わたし、ちからもちなの。」

と、こたえました。

「くまさんと　ありさんの　ごあいさつ」より

(1) ありさんは、なにを　せおって　いますか。

(2) くまさんは、ありさんに　なんと　こえを　かけましたか。

「　　　　ですね。」

(3) ありさんは、くまさんに　なんと　こたえましたか。あう　ほうに　○を　つけましょう。

㋐（　）「わたし、ちからもちなの。」

㋑（　）「わたし　にもつが　あるの。」

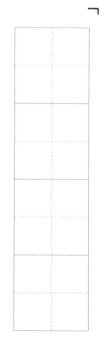

ぴったり1 じゅんび

ほんを よもう ことばを つなごう

めあて
★よみたい ほんを よみ、おもしろかった ところを つたえあおう。
★えを みて ことばを かんせい させよう。

がくしゅうび 月 日
きょうかしょ 上34〜37ページ
こたえ 5ページ

ほんを よもう

1 ほんに ついて、こえに だして こたえましょう。

・どんな ほんが すきですか。ほんの なまえを いいましょう。

・その ほんの どんな ところが すきですか。いいましょう。

・これから どんな ほんを よんで みたいですか。ほんの なまえを いいましょう。

ことばを つなごう

2 えに あう ことばを ひらがなで かき、こえに だして よみましょう。

ほんを よむ。(とめる　むすぶ　はらう)

めを とじる。(はらう)

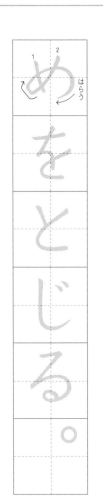

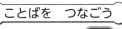

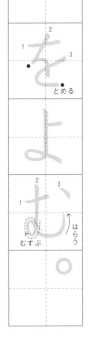

3

えを　みて、あてはまる　ことばを　いれて　ぶんを　つくりましょう。

きいろ　の　くつ。

ぼ　し　を　かぶる。

は　が　ぶ。

4

えを　みて、あてはまる　ひらがなを　いれて、ことばを　つなぎましょう。

や

も

ひ　ま　わ

はらう

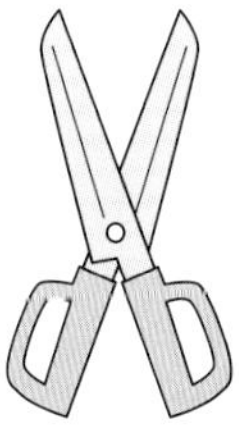

は

ゆ

はらう

み　れ

はらう

へ　び

とめる

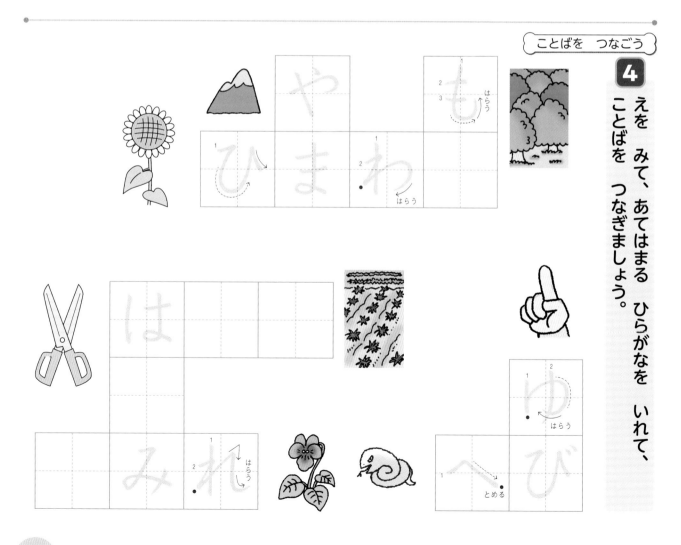

ぴったり1 じゅんび

たのしく よもう 1
ごじゅうおん

めあて
★ようすを おもいうかべながら、りずむよく たのしく よもう。
★ごじゅうおんひょうを みて たてや よこに よんで みよう。

がくしゅうび　月　日
きょうかしょ　上38〜41ページ
こたえ　5ページ

ごじゅうおん

1 ごじゅうおんの ①・②・③に あてはまる ひらがなを かきましょう。

か ① く け こ
さ し す ② そ
た ち ③ て と

① □　② せ　③ □

ごじゅうおん

2 えに あう じを ◯で かこみましょう。

あ　か　さ　た　な

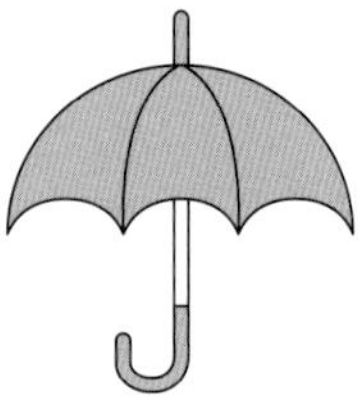

ごじゅうおん

3 えに あう ことばを ひらがなで かき、こえに だして よみましょう。

あひる

す

ひ

く

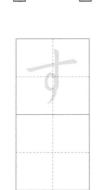

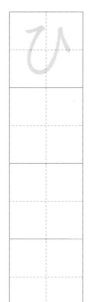

4 「あいうえおの　うた」を　よんで、こたえましょう。

あいうえおの　うた

まど・みちお

あかいえ　あおいえ　あいうえお
かきのき　かくから　かきくけこ
ささのは　ささやく　さしすせそ
たたみを　たたいて　たちつてと
ないもの　なになの　なにぬねの
はるのひ　はなふる　はひふへほ
まめのみ　まめのめ　まみむめも
やみよの　やまゆり　やいゆえよ
らんらん　らくちん　らりるれろ
わいわい　わまわし　わいうえを

(1)　いちばん　うえの　じを　「あ」から　「わ」まで　よこに　よんで　かきましょう。

(2)　なにが　「ささやく」のですか。

□の　は。

(3)　「はな　ふる」と　ありますが、はなが　ふるのは　どんな　ひですか。

□の　ひ。

ぴったり1 じゅんび

3分でまとめ

けむりの きしゃ
のばす おん
せんせい、あのね

めあて
★ぶんと えから、ばめんを そうぞうしよう。
★のばす おんを よんだり かいたり して みよう。
★せんせいに つたえたい ことを かいて みよう。

がくしゅうび　月　日

きょうかしょ　上42〜51ページ

こたえ　6ページ

のばす おん

1 えに あう じを ひらがなで かき、こえに だして よみましょう。

お ば □ □ さ ん

お じ □ □ さ ん

せんせい、あのね

2 せんせいに はなす つもりで、ことばを かき、ぶんを つくりましょう。

① 「わたし／ぼくの きのうの できごと」

わたし／ぼくは、きのう、

（　　　　　　　　　　）

② 「わたし／ぼくの あしたの よてい」

わたし／ぼくは、あした、

（　　　　　　　　　　）

する つもりです。

3 **ぶんしょうを　よんで、こたえましょう。**

ながれぼしが、おちて　きました。
えんとつそうじの
おじいさんが、ひろいました。
おじいさんは、ながれぼしを
えんとつの　てっぺんに　おきました。
「さあ、そらに　かえして　あげよう。」
おじいさんは、
まきを　もやしはじめました。
えんとつから、
けむりが　でて　きました。
「おじいさん、ありがとう。」
ながれぼしは、けむりに　のって、
そらへ　そらへと　のぼって　いきました。

矢崎　節夫「けむりの　きしゃ」より

(1) おじいさんは、ながれぼしを　どこに
おきましたか。

[　　　　] の　てっぺん。

(2) 「えんとつから、けむりが　でて」、
ながれぼしは　どう　なりましたか。
あう　ほうに　○を　つけましょう。

あ(　)けむりに　のって　そらへ
かえった。

い(　)けむりに　のって　えんとつに
おちた。

(3) ながれぼしは、おじいさんに　なんと
いいましたか。

「おじいさん、[　　　　　]」。

みんなに　はなそう
たのしく　よもう　2
よく　みて　かこう

◎めあて
★じゅんじょよく　はなそう。
★ようすを　おもいうかべながら、よもう。
★かんさつして　きが　ついた　ことを　かこう。

がくしゅうび　　月　　日
きょうかしょ　上52～57ページ
こたえ　6ページ

みんなに　はなそう

1 みんなに　はなす　つもりで、ことばを　かき、ぶんを　つくりましょう。

①「わたし／ぼくの　すきな　たべもの」

わたし／ぼくは、
（　　　　　　）が
すきです。

②「わたし／ぼくの　たいせつな　もの」

わたし／ぼくの　たいせつな　ものは、
（　　　　　　）
です。

よく　みて　かこう

2 たろうくんが　かいた　えと　ぶんを　みて、こたえましょう。

はながさいたよ
たなか たろう

　あさがおのはなが、ふたつさきました。はなのいろは、ぴんくとむらさきです。とてもきれいでした。

① あさがおの　はなは　なにいろですか。ふたつに　○を　つけましょう。

あ（　）あお
い（　）ぴんく
う（　）むらさき

3 「がぎぐげごの　うた」を　よんで、こたえましょう。

がぎぐげごの　うた

まど・みちお

がぎぐげ　ごぎぐげ　がまがえる
がごがご　げごげご　がぎぐげご
ざじずぜ　ぞろぞろ　ざりがにが
ざりざり　ずるずる　ざじずぜぞ
だぢづで　どどんこ　おおだいこ
だんどこ　でんどこ　だぢづでど
ばびぶべ　ぼうぼう　のびたかみ
ばさばさ　ぼさぼさ　ばびぶべぼ
ぱぴぷぺ　ぽっぽう　はとぽっぽ
ぱっぽろ　ぺっぽろ　ぱぴぷぺぽ

(1) 「がまがえる」の　なきごえに　あう　もの　すべてに　○を　つけましょう。

あ（　）がごがご
い（　）ぞろぞろ
う（　）げごげご
え（　）ざじずぜ

(2) 「ざりざり　ずるずる」と、あるいて　いるのは、なんですか。

（　　　　）

(3) 「ぱっぽろ　ぺっぽろ」は、なにの　なきごえですか。

［　　］の　なきごえ。

おなじ　まとまりを　よんで、
なんの　おとか　かんがえよう。

ぴったり1 じゅんび

3分でまとめ

すずめの くらし
しゃ、しゅ、しょ

めあて
★ぶんや しゃしんから、すずめの くらしを しろう。
★「ゃ」「ゅ」「ょ」の よみかたや かきかたを おぼえよう。

がくしゅうび　　月　　日
きょうかしょ 上58〜65ページ
こたえ 7ページ

すずめの くらし

1 「すずめの くらし」を よんで、こたえましょう。

① すずめの いろを ◯で かこみましょう。

ちゃいろ　あかいろ　しろいろ

② ぶんしょうの なかに でて きた すずめが して いる こと ふたつに ◯を つけましょう。

（　　　）

（　　　）

（　　　）

（　　　）

しゃ、しゅ、しょ

2 えに あう ことばを ひらがなで かき、こえに だして よみましょう。

で　ゃ

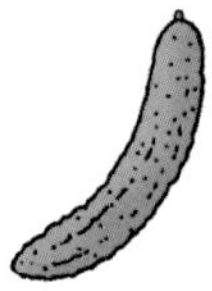
ゅ

ょ

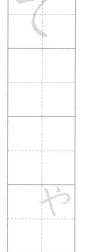

3 ぶんしょうを　よんで、こたえましょう。

すずめが、みずたまりに　います。なにを　して　いるのでしょう。

すずめは、みずあびを　して　いるのです。つばさを　うごかして、からだに　ついた　よごれを　おとして　います。

すずめは、わたしたちの　ちかくで　くらす　とりです。

「すずめの　くらし」より

(1) すずめは　みずたまりで　なにを　して　いますか。

（　　ず　び　）

(2) (1)の　とき、すずめは、つばさを　うごかして　どう　して　いますか。

からだに　ついた（　　　　）を、（　　　　）いる。

(3) すずめは　どこで　くらして　いますか。ひとつに　○を　つけましょう。

あ（　）みずたまりの　ちかく。

い（　）にんげんの　ちかく。

う（　）ほかの　とりが　いる　ちかく。

たのしく よもう 3
しらせたい ことを かこう
は、を、へ

めあて
★ようすを おもいうかべて よもう。
★なにの しらせかを くわしく かこう。
★「は」「を」「へ」の つかいかたを おぼえよう。

がくしゅうび 月 日
きょうかしょ 上66～73ページ
こたえ 7ページ

しらせたい ことを かこう

1 ぶんしょうを よんで、こたえましょう。

かみひこうき

たに あや

わたしは、きのう、おとうとと、かみひこうきをつくりました。そっとばしたら、いすのうえにのりました。

「しらせたい ことを かこう」より

(1) ぶんしょうの だいめいを ○で かこみましょう。

(2) たにさんは、いつの ことを かいて いますか。

□□□ の こと。

(3) たにさんは、だれと なにを した ことを しらせて いますか。

□□□□ と、□□□□□□ を つくった こと。

は、を、へ

2 ただしい じに ○を つけましょう。

① いぬ（は・わ） いえ（え・へ） はいった。

② （お・を） じさんが ぼく（を・お） よんだ。

3 「きゃきゅきょの　うた」を　よんで、こたえましょう。

きゃきゅきょの　うた

まど・みちお

きゃらきゃら　きょろきょろ　きゃきゅきょ
しゃばしゃば　しょぼしょぼ　しゃしゅしょ
ちゃかちゃか　ちょこちょこ　ちゃちゅちょ
にゃがにゃが　にょごにょご　にゃにゅにょ
ひゃらひゃら　ひょろひょろ　ひゃひゅひょ
みゃあみゃあ　みゅうみゅう　みゃみゅみょ
りゃんりゃか　りょんりょこ　りゃりゅりょ

ぎゃあぎゃあ　ぎゅうぎゅう　ぎゃぎゅぎょ
じゃきじゃき　じょきじょき　じゃじゅじょ
びゃあびゅう　びょうびゅう　びゃびゅびょ
ぴゃんぴゃか　ぴょんぴょこ　ぴゃぴゅぴょ

---

(1) 「きゃきゅきょの　うた」を　こえに　だして　よみましょう。

(2) えを　みて　ちいさく　かく　もじが　ある　ことばを　かきましょう。

きょろきょろ

(3) 「ぎゅうぎゅう」と　ありますが、どのような　ようすを　あらわしますか。あう　ほうに　○を　つけましょう。

あ（　）すきまが　ないくらい　つめこむ　ようす。

い（　）しずかに　なにも　しない　ようす。

ぴったり1 じゅんび

3分でまとめ

としょかんへ いこう
おはなしの くに

めあて

★としょかんの つかいかたを しり、すきな ほんを しょうかいしよう。

★えを みて、おはなしの ないようを しょうかいしよう。

がくしゅうび
月 日
きょうかしょ
上74～81ページ
こたえ
8ページ

としょかんへ いこう

1 としょかんでは なにが できますか。あう もの すべてに ○を つけましょう。

あ（ ）いろいろな ほんを よむ こと。

い（ ）じぶんの ほんを つくる こと。

う（ ）よみたい ほんを かりる こと。

え（ ）わからない ことを ほんで しらべる こと。

お（ ）ほしい ほんを かう こと。

としょかんへ いこう

2 としょかんで すごす ときの やくそく すべてに ○を つけましょう。

あ（ ）きれいな てで ほんを さわる こと。

い（ ）しずかに ほんを よんだり さがしたり する こと。

う（ ）おなじ ほんは いっかいしか かりる ことが できない こと。

え（ ）よみたい ほんは せんせいに もって きて もらう こと。

お（ ）よんだ ほんは もとに もどす こと。

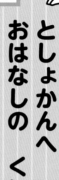

3 ほんに　ついて、こえに　だして　こたえましょう。

・どんな　ほんが　すきですか。ほんの　だいめいを　いいましょう。

・その　ほんで　とくに　どんな　ところが　すきですか。いいましょう。

・その　ほんで　こころに　のこった　ことは　どんな　ことですか。くわしく　いいましょう。

4 うえの　えの　おはなしの　なまえを、したから　えらんで　―《せん》で　むすびましょう。

あ

い

う

え

ぶれーめんの　おんがくたい

かぐやひめ

つるの　おんがえし

ももたろう

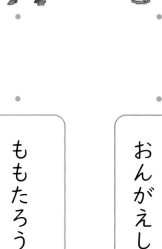

ぴったり1 じゅんび

3分でまとめ

おおきな かぶ

えにっきを かこう

ろしあの おはなし うちだ りさこ やく
（ロシア民話／A．トルストイ 再話／内田莉莎子 訳 「おおきなかぶ」㈱福音館書店刊より）

めあて
★とうじょうじんぶつの こうどうから、ばめんの ようすを よみとろう。
★たいけんした ことを えと ぶんで かこう。

がくしゅうび 月 日
きょうかしょ 上82〜93ページ
こたえ 8ページ

おおきな かぶ

1 かぶを ひっぱった じゅんに ひとや どうぶつを ○で かこみましょう。

1《いっ》かいめ	2《に》かいめ	3《さん》かいめ	4《よん》かいめ	5《ご》かいめ	6《ろっ》かいめ

おおきな かぶ

2 おじいさんは なにを まきましたか。ひとつに ○を つけましょう。

かぶの

㋐（　）はっぱ
㋑（　）たね
㋒（　）はな

おおきな かぶ

3 おじいさんは、どんな かぶに なって ほしいと いって いますか。すべてに ○を つけましょう。

㋐（　）はやく はやく かぶに なれ。
㋑（　）おおきな おおきな かぶに なれ。
㋒（　）しろい しろい かぶに なれ。
㋓（　）あまい あまい かぶに なれ。

おおきな　かぶ

4 もじを　なぞり、おじいさんや　ねずみに　なった　つもりで　よみましょう。

うんとこしょ、
どっこいしょ。

おおきな　かぶ

5 おじいさんが　ひとりで　かぶを　ひっぱった　あと　かぶは　どう　なりましたか。ひとつに　○を　つけましょう。

あ（　）ぬけなかった。
い（　）ぬけた。
う（　）おれて　しまった。

おおきな　かぶ

6 みんなで　ひっぱった　あと、かぶは　どう　なりましたか。ひとつに　○を　つけましょう。

あ（　）ぬけなかった。
い（　）ぬけた。
う（　）おれて　しまった。

えにっきを　かこう

7 えにっきの　―《せん》の　ところには　なにを　かいて　いますか。ひとつに　○を　つけましょう。

7がつ27にち どようび はれ

さんぽ
（いとう めぐみ）

きょうは、こうえんでいぬのぽちのさんぽをしました。
おにいちゃんといっしょにいきました。
おにいちゃんもぽちも、あるくのがはやいので、つかれました。

あ（　）なまえ
い（　）できごと
う（　）ひづけ
え（　）かんそう

なまえや　できごとは　えの　したに　かいて　あるね。

ぴったり2 れんしゅう

おおきな　かぶ

ぶんしょうを　よんで、こたえましょう。

おじいさんが、かぶの
たねを　まきました。
「あまい、あまい
かぶに　なれ。
おおきな、おおきな
かぶに　なれ。」

あまそうな、げんきの
いい、とてつもなく
おおきな　かぶが
できました。

おじいさんは、

1 おじいさんは、なにを　まきましたか。

（　　）の　たね。

2 どんな　かぶが　できましたか。
みっつに　○を　つけましょう。

あ（　）からそうな
い（　）あまそうな
う（　）げんきの　いい
え（　）いろの　いい
お（　）おおきな

3 つぎの（　）に　はいる　ことばを
ぶんしょうから　かきぬきましょう。

がくしゅうび
月　日
きょうかしょ
上82〜91ページ
こたえ
9ページ

かぶを　ぬこうと
しました。
「うんとこしょ、
どっこいしょ。」
ところが、かぶは
ぬけません。

おじいさんは、
おばあさんを　よんで　きました。
おばあさんが　おじいさんを
ひっぱって、おじいさんが
かぶを　ひっぱって――。
「うんとこしょ、どっこいしょ。」
それでも、かぶは　ぬけません。

ろしあの　おはなし　うちだ　りさこ　やく「おおきな　かぶ」
（ロシア民話／A．トルストイ 再話／内田莉莎子 訳「おおきなかぶ」㈱福音館書店刊より）

おじいさんは、ひとりで　かぶを
ぬこうと　しました。
（　　　　）、かぶは　ぬけません。

4 おじいさんは、だれを　よんで
きましたか。

ヒント　おじいさんを ひっぱって いる ひとは だれかな。

5 「うんとこしょ、どっこいしょ。」から
わかる　ようす　ひとつに　○を
つけましょう。

㋐（　）ちからを　いれて　いない　ようす。
㋑（　）ちからを　いれて　いる　ようす。

ヒント　こえに だして よんで ようすを かんがえよう。

ぴったり3

たしかめのテスト

おおきな　かぶ
えにっきを　かこう

じかん 20 ぷん

／100

ごうかく 80 てん

がくしゅうび　月　日

きょうかしょ　上82～93ページ

こたえ　9ページ

1　ぶんしょうを　よんで、こたえましょう。　思考・判断・表現

ねこが　いぬを　ひっぱって、いぬが
まごを　ひっぱって、まごが　おばあさんを
ひっぱって、おばあさんが　おじいさんを
ひっぱって、おじいさんが　かぶを
ひっぱって――。
「うんとこしょ、どっこいしょ。」
それでも、かぶは　ぬけません。
ねこは、ねずみを　よんで　きました。
ねずみが　ねこを　ひっぱって、
ねこが　いぬを　ひっぱって、
いぬが　まごを　ひっぱって、
まごが　おばあさんを　ひっぱって、

(1)「それでも、かぶは　ぬけません。」の　あと、だれが　ねずみを　よんで　きましたか。　10てん

(2)　この　おはなしに　でて　くるのは、なんにんと　なんびきですか。(　)に　ひらがなで　かきましょう。　ひとつ15てん(30てん)

(　　)にんと　(　　)びき。

よく出る

(3)「やっと」が　あらわす　ようす　ひとつに　○を　つけましょう。　10てん

あ(　)じかんを　かけて　がんばる　ようす。

い(　)すぐに　あきて　やめる　ようす。

う(　)しずかに　とりくむ　ようす。

おばあさんが　おじいさんを
ひっぱって、
おじいさんが　かぶを
ひっぱって――。
「うんとこしょ、
どっこいしょ。」
やっと、かぶは
ぬけました。

ろしあの　おはなし　うちだ　りさこ　やく「おおきな　かぶ」
（ロシア民話／A．トルストイ再話／内田莉莎子 訳
「おおきなかぶ」㈱福音館書店刊より）

できたらスゴイ!

(4) なぜ　かぶが　ぬけたのですか。ひとつに　○を　つけましょう。　10てん

あ（　）ねずみが　つちを　ほったから。
い（　）みんなが　ちからを　あわせたから。
う（　）かぜが　つよく　なったから。

かんがえを　かこう

(5) この　あと、みんなは　かぶを　どう　したと　おもいますか。　25てん

2 えを　みて、したの　にっきの　（　）に　はいる　ことばを　かきましょう。　15てん

7がつ28にち(にち)はれ

きょう、ぼくは、こうえんで（　）を　しました。さかあがりのれんしゅうを　がんばりました。

（　　　）

この　ほんの　おわりに　ある「なつの　チャレンジテスト」を　やって　みよう！

3分でまとめ

なつの おもいでを はなそう
かたかなの ことば

◎めあて
★なつやすみに けいけん した ことを はなそう。
★かたかなを よんだり、かいたり しよう。

がくしゅうび 月 日
きょうかしょ 上94～97ページ
こたえ 10ページ

1 ゆうたさんが ともだちに はなした なつの おもいでを よんで、もんだいに こたえましょう。

ぼくは、おとうさんと いとこの みほちゃんと いっしょに うみに いきました。
みほちゃんと ぼくは、うきわを つかって うみで およぎました。
たのしくて きもちよかったです。

(1) ゆうたさんが はなす ときに みせた えに ○を つけましょう。

(2) ゆうたさんは うみで なにを しましたか。ひとつに ○を つけましょう。

あ（　）すいかを たべた。
い（　）およいだ。
う（　）かいがらを ひろった。

(3) ゆうたさんは うみへ だれと いきましたか。すべてに ○を つけましょう。

あ（　）いとこの みほちゃん
い（　）ともだちの かいくん
う（　）おとうさん

なつの　おもいでを　はなそう

2 なつの　おもいでを　がっこうで　はなせるように、おもいでを　まとめましょう。

(1) なにを　はなしたいですか。ひとつ　えらんで　○を　つけましょう。

（　）ともだちと　あそんだ　こと。

（　）きょうだいと　あそんだ　こと。

（　）りょこうに　いった　こと。

(2) (1)で　えらんだ　ことに　ついて　かきましょう。

いつ（　）

どこで（　）

だれと（　）

なにを　した（　）

かたかなの　ことば

3 えに　あう　ことばを　かたかなで　かきましょう。

コップ（はらう）

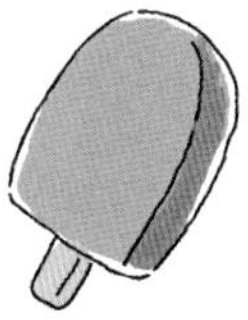

アイス（はらう　とめる）

ヨット（とめる）

フルーツ（はらう　とめる）

カヌー（はらう　はねる　とめる）

ぴったり1 じゅんび

3分でまとめ

けんかした 山《やま》

あんどう みきお

めあて
★ばめんの ようすから、とうじょうじんぶつの きもちを そうぞうしよう。

がくしゅうび 月 日

きょうかしょ 上98～104ページ

こたえ 10ページ

かきトリ あたらしい かんじ

きょうかしょ98ページ	98ページ	99ページ	100ページ	100ページ	103ページ
山 サン やま 3かく	日 ニチ・ジツ ひ・か 4かく	月 ゲツ・ガツ つき 4かく	火 カ ひ 4かく	木 ボク・モク き・こ 4かく	一 イチ ひと・ひとつ 1かく
山《やま》に のぼる 	お日《ひ》さま 	お月《つき》さま 	火《ひ》を けす 	みどりの 木《き》 	一《いち》ばん 
山	日	月	火	木	一
山 つきだす	日 つきださない おなじあき	月 はねる	火 はらう	木 はらう	一 とめる

103ページ	103ページ
二 ニ ふた・ふたつ 2かく	三 サン み・みつ・みっつ 3かく
二《に》わ 	三《さん》びき 
二	三
二 ながく	三 ながく

1 （ ）に よみがなを かきましょう。

① 山（ ）に のぼる。

② 日（ ）が しずむ。

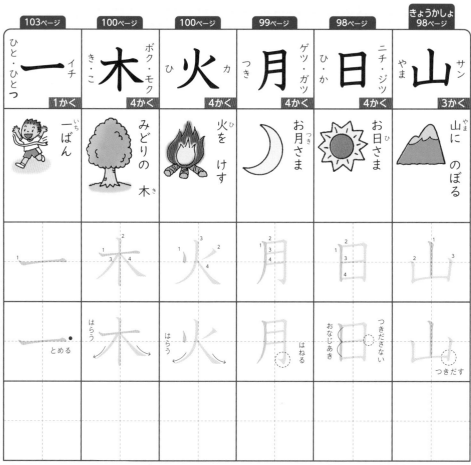

2 □に かんじを かきましょう。

① マッチで □《ひ》を つける。

② □《き》を きる。

③ □《に》ひきの こいぬ。

3 ただしい いみに ○を つけましょう。

① あんしんして ねむる。

あ（　）しんぱいが ない こと。

い（　）ふあんが ある こと。

② ふんすいから みずが ふきだす。

あ（　）いきおいよく そとに でる。

い（　）ゆっくり なかに はいる。

3分で ワンポイント

やまの ようすを よみとろう。

★つぎの えを、おはなしに でて くる じゅんに □に ばんごうを かきましょう。

けんかした 山

ぶんしょうを よんで、こたえましょう。

ある 日の ことでした。とうとう、りょうほうの 山が、まけずに どっと 火を ふきだしました。たくさんの みどりの 木が、あっというまに、火に つつまれました。

ことりたちが、くちぐちに いいました。

「お日さま。はやく くもを よんで、あめを ふらせて ください。わたしたちも よびに いきますから。」

お日さまは、くもを よびました。

1 りょうほうの 山は どのように 火を ふきだしましたか。一つに ○を つけましょう。

あ（　）そっと
い（　）どっと
う（　）ちょこっと
え（　）ふわっと

ヒント ×は つけないよ。

2 お日さまは だれを よびましたか。一つに ○を つけましょう。

あ（　）つき
い（　）ほし
う（　）くも
え（　）かぜ

がくしゅうび　月　日
きょうかしょ　上98～104ページ
こたえ　11ページ

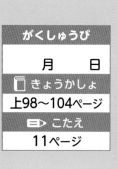

くろい　くもが、わっさ　わっさと
あつまって、どんどん　あめを
ふらせました。
　火の　きえた　山は、
しょんぼりと　かおを
みあわせました。
　一ねん、二ねん、
三ねん　たちました。
なんねんも　なんねんも
たちました。
　山は、すっかり　みどりに
つつまれました。

あんどう　みきお「けんかした　山」より

3 火の　きえた　山は、なにを
しましたか。

火の　きえた　山は、しょんぼりと

（　　　）を（　　　　）ました。

4 なんねんも　なんねんも　たって、
山は　どう　なりましたか。

山は、すっかり（　　　　）に
つつまれました。

ヒント　なにいろの　木に　つつまれたかな。

ぴったり1 じゅんび

かきトリ あたらしい かんじ

かん字《じ》の はじまり だれが、たべたのでしょう

きょうかしょ105ページ	106ページ	106ページ	107ページ	107ページ	107ページ
字 ジ 6かく	上 ジョウ うえ・うわ・かみ あげる・あがる・のぼる 3かく	下 カ・ゲ した・しも・さげる・さがる・くだる・くだす・くださる・おろす・おりる 3かく	人 ジン・ニン ひと 2かく	川 かわ 3かく	子 シ・ス こ 3かく
 じょうずな 字《じ》	 山《やま》の 上《うえ》	 木《き》の 下《した》	 人《ひと》と はなす	 川《かわ》で およぐ	 子《こ》ども
字	上	下	人	川	子
字 はねる はねる	上 とめる	下 とめる	人 はらう	川 おなじくらい あける	子 はねる

107ページ	107ページ
口 コウ・ク くち 3かく	田 デン た 5かく
 口《くち》に いれる	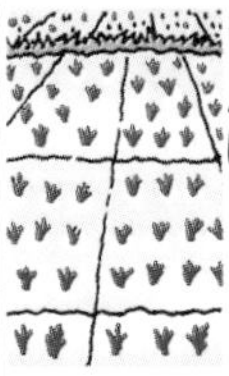 田《た》んぼ
口	田
口 おる	田 おる

1 ○に よみがなを かきましょう。

① 子（　　）どもの て。

② 字（　　）を かく。

2 □に かん字を かきましょう。

① 木の □《うえ》。

② がけの □《した》。

めあて

★かん字が なにから できたか りかいしよう。

★といの ぶんと こたえの ぶん、しゃしんと ぶんを たいおうさせて よもう。

がくしゅうび 月 日

きょうかしょ 上105〜115ページ

こたえ 11ページ

3 えを　みて、（　）に　いれる　ことばを　かきましょう。

「口」は、（　　　　）の　かたちから　できた　かん字です。

4 ただしい　いみに　○を　つけましょう。

① くるみの　からを　わる。

あ（　）みや　たねを　おおう　もの。

い（　）やわらかい　もの。

② りんごを　かじる。

あ（　）ぜんぶ　たべる。

い（　）かたい　ものを　すこしずつ　かむ。

3分で　ワンポイント

どうぶつたちが　なにを　たべたか　よみとろう。

★どんな　どうぶつが　なにを　たべて　いましたか。したから　えらんで　―《せん》で　つなぎましょう。

あ 

い 

う 

え 

くるみ

くさ

木のは

まつぼっくり

たのしかった ことを かこう
かぞえよう

かきトリ あたらしい かん字

四	五	六	七	八	九
きょうかしょ 122ページ	122ページ	123ページ	123ページ	123ページ	123ページ
四 シ よ・よっ・つ・よん 5かく	五 ゴ いつ・いつつ 4かく	六 ロク む・むっ・つ・むっつ・むい 4かく	七 シチ なな・ななつ・なの 2かく	八 ハチ や・やっ・やっつ・よう 2かく	九 キュウ・ク ここの・ここのつ 2かく
 四《よ》にん	 五《ご》こ	 六《むっ》つ	 七《なな》ひき	 八《はち》こ	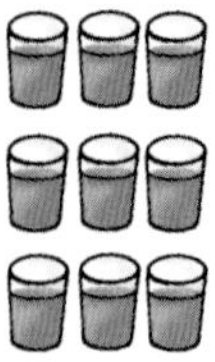 九《きゅう》はい
四 まげる	五 おる	六 とめる	七 まげる とめる	八 はらう	九 はねる

十
123ページ
十 ジュウ・ジッ（ジュッ） とお・と 2かく
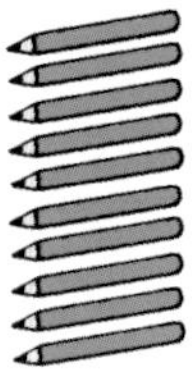 十《じっ》ぽん
十 とめる

◎めあて
★かく ことを みつけ、みじかい ぶんを かこう。
★一から 十《じゅう》までの かん字を よんだり かいたり しよう。

がくしゅうび 月 日
きょうかしょ 上116～123ページ
こたえ 12ページ

たのしかった ことを かこう

1 まゆみさんの かいた ぶんで、りえさんの はなした ところを かきぬきましょう。

わたしは、ともだちのりえちゃんに、いえで
かっているうさぎのしゃしんをみせました。
りえちゃんは、
かわいいね。
と、いいました。

「　　　　　　」

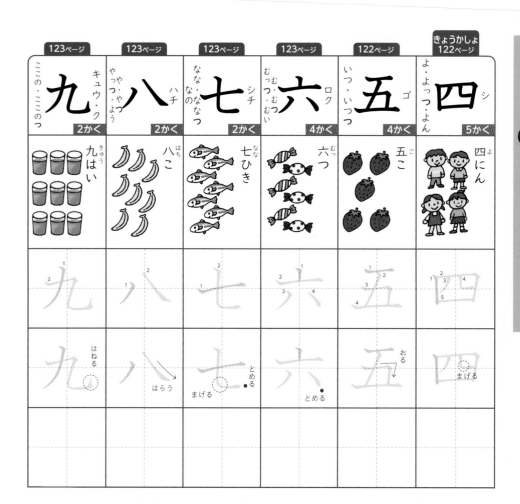

2 「かぞえうた」を よんで、こたえましょう。

かぞえうた

一つ　ひまわり　さいたよ　一りん
二《ふた》つ　ふくろう　ないたの　二かい
三《みっ》つ　みのむし　ならんで　三びき
四《よっ》つ　よく　にた　にがおえ　四《よん》まい
五《いつ》つ　いのしし　すやすや　五《ご》とう
六《むっ》つ　むいたよ　みかんが　六《ろっ》こ
七《なな》つ　なおした　じてんしゃ　七《なな》だい
八《やっ》つ　やきいも　ほかほか　八《はっ》ぽん
九《ここの》つ　ことりが　すばこに　九《きゅう》わ
十《とお》で　ともだち　なかよし　十《じゅう》にん

「かぞえうた」より

(1) 「一りん」は　なんの　かずですか。

(2) 「まい」と　ありますが、「まい」と　かぞえる　もの　一つに　○を　つけましょう。

あ（　）くるま
い（　）やきいも
う（　）にがおえ

(3) なおした　じてんしゃは　なんだい　ありますか。かずを　かきましょう。

（　　）だい

(4) ことりの　かずを、かぞえかたも　いれて　かきぬきましょう。

（　　）

けんかした 山 ～ かぞえよう

じかん 20 ぷん

／100

ごうかく 80 てん

がくしゅうび　月　日

きょうかしょ 上98～123ページ

こたえ 12ページ

ぶんしょうを よんで、こたえましょう。　思考・判断・表現

くるみの からが、おちて います。

あなの あいた ものも あります。だれが、くるみを たべたのでしょう。

ねずみが、くるみを たべたのです。

ねずみは、からに あなを あけて、なかみを たべます。

まつぼっくりが、おちて います。

1 くるみの なにが おちて いますか。　10てん

くるみの [　　　]。

2 だれが くるみを たべたのですか。　10てん

（　　　）

3 ②の どうぶつは どのように くるみの なかみを たべたのですか　一つ10てん(30てん)

[　　　]に [　　　]を [　　　]、たべた。

〔写真提供：(c)imaizumi tadaaki/nature pro./amanaimages／フォトライブラリー〕

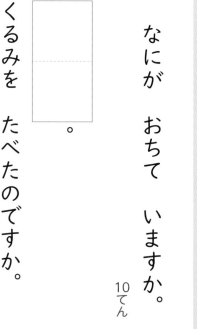

まわりだけが、
かじられた ものも
あります。
だれが、
まつぼっくりを
たべたのでしょう。
りすが、
まつぼっくりを
たべたのです。
りすは、
まつぼっくりの
まわりだけを たべて、
しんを のこします。

「だれが、たべたのでしょう」より

よく出る

4 まつぼっくりは どこが かじられた ものも ありますか。一つに ○を つけましょう。 10てん

㋐（　）まわりだけ。
㋑（　）ねもとの ところだけ。
㋒（　）さきの ところだけ。

できたらスゴイ!

5 りすは どのように まつぼっくりを たべたのですか。 一つ10てん（20てん）

［　　　　］だけを たべて、
［　　　　］を のこした。

かんがえをかこう

6 しぜんの なかには どんな どうぶつの たべた あとが あると おもいますか。 20てん

［　　　　　　　　　　］

ふりかえり ②が わからない ときは、45ページの 3分でワンポイント に もどって かくにんしよう。

けんかした 山 ～ かぞえよう

1 （ ）に よみがなを かきましょう。 一つ3てん（24てん）

① （ ）田んぼ

② （ ）人が あつまる。

③ （ ）山のぼり

④ （ ）月が でる。

⑤ （ ）四かくけい

⑥ （ ）二つ ある。

⑦ がん（ ）日

⑧ （ ）三つ もらう。

2 □に かん字を かきましょう。 一つ3てん（24てん）

① □《こ》のは

② □《しち》月

③ □《かわ》あそび

④ てを □《あ》げる。

⑤ □《く》じすぎ

⑥ □《じゅう》わの はと。

⑦ □《はち》ばんめ

⑧ □《ひと》つ もらう。

じかん 20 ぷん

／100

ごうかく 80 てん

がくしゅうび
月　日

きょうかしょ
上98～123ページ

こたえ
13ページ

3 上の えから できた かん字を かきましょう。 一つ5てん(10てん)

(1)
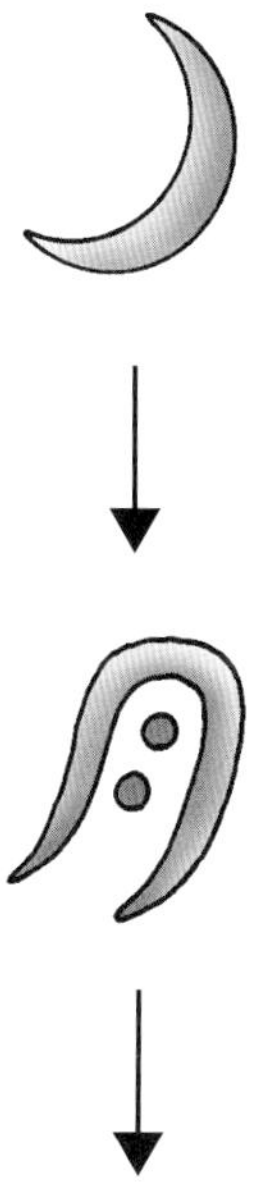

(2)
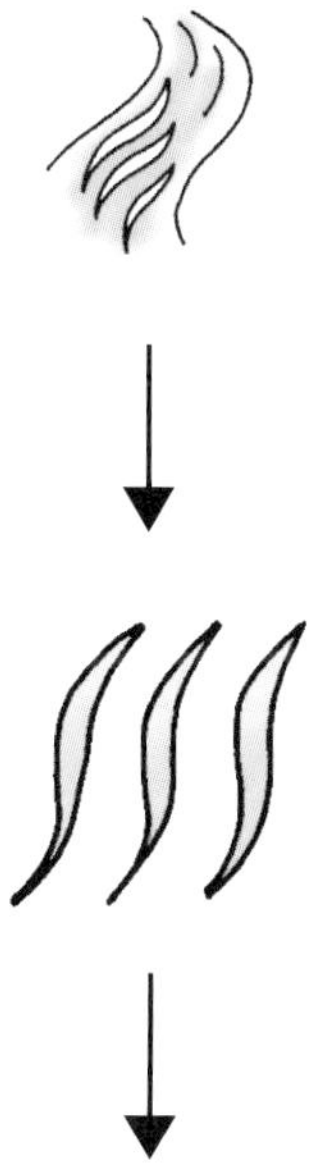

4 くるまと かみの かずを かん字を つかって かきましょう。 一つ5てん(10てん)

(1)

(　　　)

(2)

(　　　)

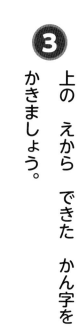

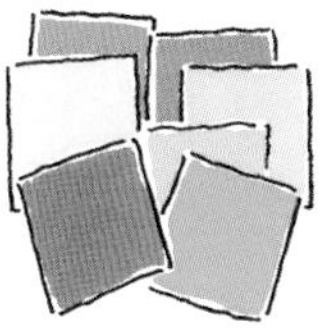

5 思考・判断・表現

ぶんしょうを よんで、こたえましょう。

としょかん　　いまい りょうた

きのう、としょかんにいきました。
いっしょにいったおねえちゃんに
ほんはなんさつまでかりられるの。
ときくと、
十さつまでだよ。
とおしえてくれました。
ぼくは、ものがたりのほんを八さつかりました。
きょうからよむのが、たのしみです。

(1) なにを した ことを かいて いますか。 20てん
一つに ○を つけましょう。
あ(　)いえで ほんを よんだ こと。
い(　)としょかんに いって ほんを かりた こと。

(2) 「　」が はいる ところが 二つ あります。
その 二つに 「　」を つけましょう。 一つ6てん(12てん)

あめの うた
しらせたいな、いきものの ひみつ

めあて
★リズムや ことばの ひびきに きを つけて よもう。
★いきものに ついて しらせたい ことを かこう。

がくしゅうび 月 日
きょうかしょ 下6〜10ページ
こたえ 13ページ

かきトリ あたらしい かん字

見	文	白
きょうかしょ8ページ	9ページ	9ページ
見 ケン みる・みえる・みせる 7かく	文 ブン・モン 4かく	白 ハク しろ・しら・しろい 5かく
はなを 見《み》る 	文《ぶん》を かく 	白《しろ》い ゆき 
見 はねる	文 つける はらう	白 つける

1 （　）に よみがな、□に かん字を かきましょう。

① 白い うさぎを □《み》る。

② □《ぶん》を よむ。

しらせたいな、いきものの ひみつ

2 まいさんは うさぎに ついて メモを かきました。□に あてはまる ことばを かきましょう。

●やわらかい。

●しっぽが みじかい。

●みみが □。

（うさぎ）

3 「あめの　うた」を　よんで、こたえましょう。

あめの　うた　　つるみ　まさお

あめは　ひとりじゃ　うたえない、
きっと　だれかと　いっしょだよ。
やねと　いっしょに　やねの　うた
つちと　いっしょに　つちの　うた
かわと　いっしょに　かわの　うた
はなと　いっしょに　はなの　うた。

あめは　だれとも　なかよしで、
どんな　うたでも　しってるよ。
やねで　とんとん　やねの　うた
つちで　ぴちぴち　つちの　うた
かわで　つんつん　かわの　うた
はなで　しとしと　はなの　うた。

(1) あめは　やねと　いっしょに　なんの　うたを　うたいましたか。

（　　　）の　うた

(2) かわの　うたは　どんな　うたですか。一つに　○を　つけましょう。

㋐（　）さらさら
㋑（　）ふわふわ
㋒（　）つんつん

(3) あめと　いっしょに　「しとしと」と　うたって　いるのは　だれですか。

（　　　）

一 だいじな ことばを 見つけて よみ、せつめいしよう

はたらく じどう車《しゃ》 「のりものカード」で しらせよう

めあて

★だいじな ことばを 見つけて よみ、せつめい しよう。
★「のりものカード」に 「やくわり」「つくり」 「できる こと」を かこう。

がくしゅうび　月　日

きょうかしょ　下11～23ページ

こたえ　14ページ

かきトリ あたらしい かん字

21ページ	16ページ	15ページ	14ページ	13ページ	きょうかしょ 12ページ
名 メイ・ミョウ な 6かく	水 スイ みず 4かく	土 ド・ト つち 3かく	大 ダイ・タイ おお・おおきい おおいに 3かく	手 シュ て 4かく	車 シャ くるま 7かく
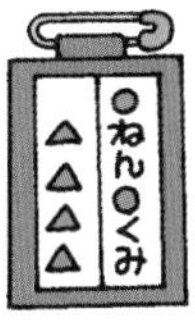 名《な》ふだ	 水《みず》が でる	 はたけの 土《つち》	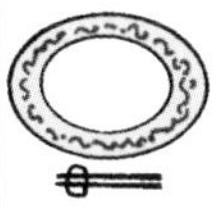 大《おお》きな さら	 手《て》を あげる	 じどう車《しゃ》
名	水	土	大	手	車
名 はらう	水 はねる	土 ださない ながく	大 つける はらう	手 はらう はねる	車 おなじあき ながく

23ページ
出 シュツ でる・だす 5かく
 おもい出《だ》す
出
出 ださない

1 （　）に よみがなを かきましょう。

① じどう 車（　　）

② 土（　　）を かける。

③ 手（　　）を つなぐ。

④ 水（　　）を かける。

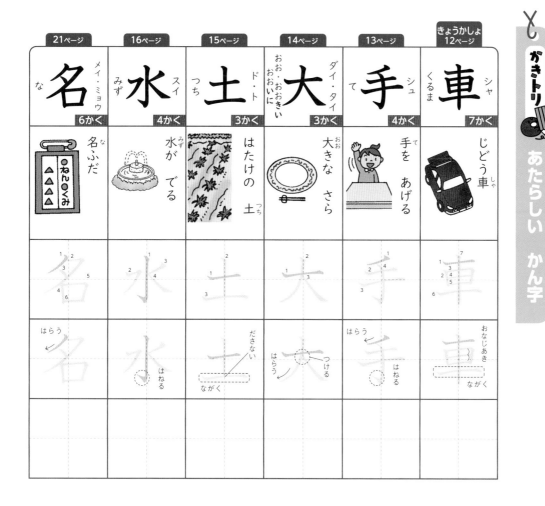

2 □に　かん字を　かきましょう。

① □《な》まえを　かく。

② □《おお》きい　木。

3 ただしい　いみに　○を　つけましょう。

① じどう車が　あんぜんに　はしる。

あ（　）あぶない　ことが　ある　こと。

い（　）きけんな　ことが　ない　こと。

② じょうぶな　いえに　すむ。

あ（　）こわれにくい　こと。

い（　）くずれやすい　こと。

4 ゆりかさんが　まとめた　ひょうの　□に　あう　ことば　一つに　○を　つけましょう。

あ（　）バス　い（　）ポンプ車

じどう車の名まえ	やくわり	つくり
□	水を　ホースで　まいて、かじの　火を　けす。	水を　すい上げたり、まいたり　する　ホースを　つんで　いる。

5 まことさんが　まとめた　のりものカードの　□に　あう　ことば　一つに　○を　つけましょう。

でん車は、おおくの人をのせてはしるのりものです。□、大きなしゃりんがついています。

（あおき　まこと）

あ（　）たとえば

い（　）ですから

う（　）どうして

一 だいじな ことばを 見つけて よみ、せつめいしよう

はたらく じどう車

● 文しょうを よんで、こたえましょう。

バスは、おおぜいの
おきゃくを のせて
はこぶ じどう車です。
ですから、たくさんの
ざせきが あります。
つりかわや 手すりも
ついて います。
バスは、おおぜいの
おきゃくを のせて、
きまった みちを あんぜんに
はしります。

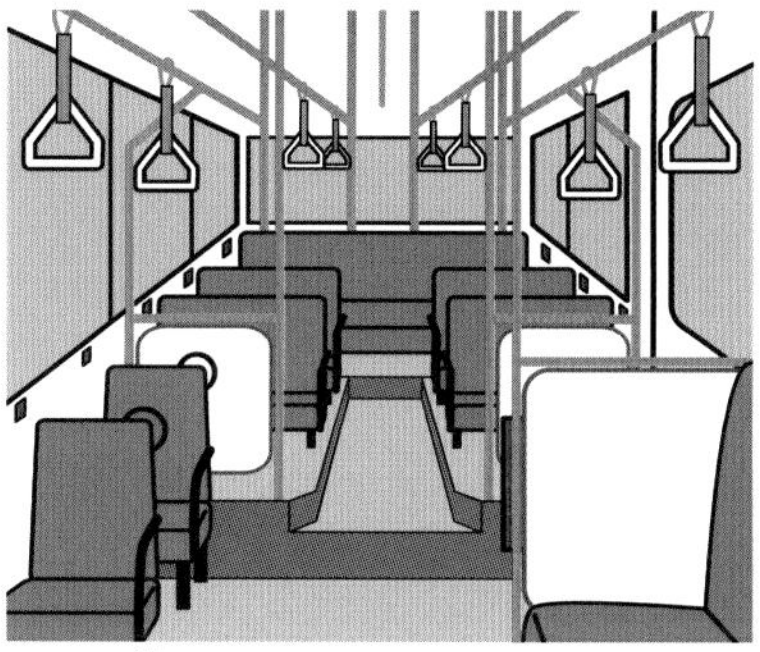

1 バスは、どのような やくわりの ある じどう車ですか。

おおぜいの （　　　　）を

のせて （　　　　） やくわり。

2 1の やくわりの ために バスに ある もの 三つに ○を つけましょう。

あ（　）手すり
い（　）はしご
う（　）つりかわ
え（　）たくさんの ざせき
お（　）大きな ざせき

ヒント バスの やくわりを かくにんしよう。

がくしゅうび
月　日
きょうかしょ
下11～19ページ
こたえ
14ページ

コンクリートミキサー車は、
なまコンクリートを　はこぶ
じどう車です。
ですから、大きな
ミキサーを　のせて　います。
コンクリートミキサー車は、
なまコンクリートが
よく　まざるように、
ミキサーを　まわしながら、
こうじを　する
ばしょに　はこびます。

「はたらく　じどう車」より

3 コンクリートミキサー車は、なにを　はこぶ　じどう車ですか。一つに　○を　つけましょう。

あ（　）土

い（　）なまコンクリート

う（　）水

4 コンクリートミキサー車は、大きな　なにを　のせて　いますか。

大きな［　　　　］。

ヒント　なまコンクリートは　なにで　まぜるのかな。

5 コンクリートミキサー車は　なまコンクリートを　どこに　はこびますか。

（　　　　）を　する　ばしょに　はこぶ。

ぴったり1 じゅんび

3分でまとめ

なにを して いるのかな？
かん字の ひろば① 日づけと よう日

めあて
★えを 見て、ことばを かんがえて はなそう。
★日づけと よう日を あらわす かん字を よんだり、かいたりしよう。

がくしゅうび 月 日
きょうかしょ 下24〜30ページ
こたえ 15ページ

かきトリ あたらしい かん字

早	金	正	花	虫
きょうかしょ26ページ	28ページ	30ページ	30ページ	30ページ
ソウ はやい・はやまる・はやめる	キン・コン かね・かな	セイ・ショウ ただしい・ただす・まさ	カ はな	チュウ むし
6かく	8かく	5かく	7かく	6かく
早《はや》おきを する 	金《きん》いろの コイン 	正《ただ》しく なおす 	花《はな》たば 	かぶと虫《むし》 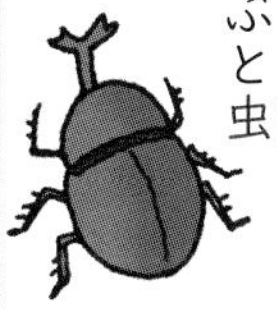
早	金	正	花	虫
早 とめる	金 つける ながく	正 ながく	花 はねる	虫 とめる

1 （　）に よみがなを かきましょう。

① 十月 一日（　）

② 十一月 二十日（　）

③ 正月（　）

④ 虫（　）を とる。

2 □に かん字を かきましょう。

① □《きん》ぎょを かう。

② □《はな》が さく。

3 えを　見て、こたえましょう。

(1) きりかぶに　すわって　いるのは、だれですか。

（　　　）

(2) (1)は、なにを　して　いますか。

（　　　）

4 カレンダーを　見て、かん字で　こたえましょう。

10月

日	月	火	水	木	金	土
		1	2	3	4	5
6	7	8	9	10	11	12
13	14	15	16	17	18	19
20	21	22	23	24	25	26
27	28	29	30	31		

(1) 一しゅうかんは、何《なん》日　ありますか。

（　　　）

(2) 十月は　何日まで　ありますか。

（　　　）

(3) □は　何月　何日ですか。

（　　　）

一 だいじな ことばを 見つけて よみ、せつめいしよう

はたらく じどう車 ～ かん字の ひろば① 日づけと よう日

じかん 20 ぷん

／100

ごうかく 80 てん

がくしゅうび 月 日

きょうかしょ 下11～30ページ

こたえ 15ページ

1 （ ）に よみがなを かきましょう。 一つ5てん(40てん)

① 大きい こえ。（ ）

② 名まえを よぶ。（ ）

③ 早く おきる。（ ）

④ お金を もらう。（ ）

⑤ 四月 二日（ ）

⑥ 三月 三日（ ）

⑦ 六月 九日（ ）

⑧ 五月 五日（ ）

2 □に かん字を かきましょう。 一つ5てん(20てん)

① こえを □《だ》す。

② □《くるま》に のる。

③ □《つち》を はこぶ。

④ 一月 □《ついたち》

3 思考・判断・表現

えを 見て、りすの おもって いる ことを そうぞうして ことばを かきましょう。 10てん

［ ］

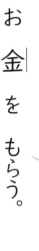

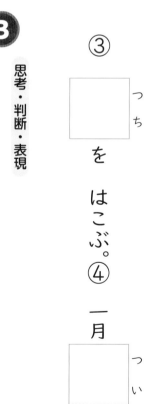

4 文しょうを　よんで、こたえましょう。

思考・判断・表現

ショベルカーは、　じめんを　ほったり、けずったり　する　じどう車です。ですから、ながい　うでと　じょうぶな　バケットを　もって　います。

ショベルカーは、こうじの　ときに、うでと　バケットを　うごかして、土を　けずり、べつの　ばしょに　はこびます。

「はたらく　じどう車」より

よく出る

(1) ショベルカーは、なにを　する　じどう車ですか。　5てん

じめんを　（　　　　　）、けずったり　する　じどう車。

できたらスゴイ！

(2) 「こうじの　とき」、ショベルカーは、どのような　じゅんで　はたらきますか。1、2、3の　ばんごうを　かきましょう。　一つ5てん（15てん）

あ（　）土を　けずる。

い（　）べつの　ばしょに　はこぶ。

う（　）うでと　バケットを　うごかす。

かんがえを かこう

(3) はたらく　じどう車の　やくわりと　つくりは　どのような　かんけいに　なって　いますか。　10てん

［　　　　　　　　　　　　］

ふりかえり　(3)が　わからない　ときは、55ページの　4に　もどって　かくにんしよう。

ぴったり1 じゅんび

二 だれが なにを したかを たしかめよう
三 しゃしんを よく 見て、そうぞうしよう

うみへの ながい たび
きこえて きたよ、こんな ことば

いまえ よしとも

めあて

★ばめんごとに だれが なにを したか たしかめよう。
★いつ どこで だれが なにを したかを そうぞうしよう。

がくしゅうび　月　日

きょうかしょ　下31〜53ページ

こたえ　16ページ

かきトリ あたらしい かん字

青（きょうかしょ33ページ）　セイ　あお・あおい　8かく
青《あお》い 空《そら》

ながく　はねる

空（33ページ）　クウ　そら・あく　あける・から　8かく
きれいな 空《そら》

とめる　ながく　はらう

目（33ページ）　モク　め　5かく
目《め》を こする
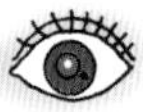
おる

百（34ページ）　ヒャク　6かく
百《ひゃく》えんだま

ながく

耳（37ページ）　みみ　6かく
耳《みみ》を すます

つきだす

音（37ページ）　オン　おと・ね　9かく
音《おと》を きく

つける　ながく

立（40ページ）　リツ　たつ・たてる　5かく
立《た》ち上《あ》がる

ながく

年（44ページ）　ネン　とし　6かく
年《ねん》がじょう

つきださない

千（45ページ）　セン　ち　3かく
千《せん》えんさつ

はらう

力（48ページ）　リョク・リキ　ちから　2かく
力《ちから》を 出《だ》す

はらう　はねる

1 （　）に よみがなを かきましょう。

① 青い 車。（　）

② 目を 見る。（　）

きこえて きたよ、こんな ことば

2 □に かん字を、（ ）に かん字と おくりがなを かきましょう。

① □《せんねん》まえの れきし。

② いり口に （　　）《たつ》。

3 えを 見て、（ ）に いれる ことばを かきましょう。

ぼくは こうえんで （　　　　）を 見つけた。

うみへの ながい たび

3分で ワンポイント

白くまが なにを したかを よみとろう。

★つぎの えを、おはなしに 出て くる じゅんに □に ばんごうを かきましょう。

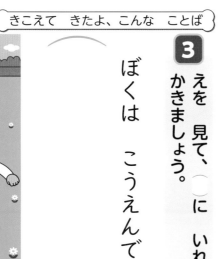

二 だれが なにを したかを たしかめよう

うみへの ながい たび

文しょうを よんで、こたえましょう。

１

白くまの きょうだいだ。

ふゆの あいだじゅう、うまれてから ずっと すごして きた あなの なかと くらべて、ここは なんと あかるい ことか。ふたりの あたまの 上には、ぬけるような 青い はるの 空が ひろがって いる。

見わたす かぎり ひろがる ゆきの はらの 白さが、まぶしすぎる。

それでも ふたりは、目を まんまるに 見ひらいて、はじめての そとの せかいを ながめて いる。いくら ながめて いても、あきないぞ……。

1 「ふゆの あいだじゅう、うまれてから ずっと」、白くまの きょうだいは、どこで すごして いましたか。

［　　］の［　　］。

2 「はじめての そとの せかいを ながめて いる」白くまの きょうだいは、どのように おもいましたか。

いくら ながめて いても、

［　　　　］と おもった。

ヒント

「ふたり」とは、白くまの きょうだいの ことだよ。

がくしゅうび　月　日

きょうかしょ　下31～49ページ

こたえ　16ページ

2

ふたりとも、うまれた ときは りすくらいの 大きさだった。それが、かあさんの ミルクを 毎日《まい》 たっぷり のんだから、ぐんぐん そだち、いまじゃ これ このとおり。

（ふたりが うまれてから、もう 百日は たつね。そろそろ 出かけないと……。）

と、かあさんぐまは かんがえて いる。おいしい あざらしが どっさり いる うみに むかって 出かけるのだ。それは、きたに むかう ながい たびに なる。

いまえ よしとも「うみへの ながい たび」より

3 「ふたりとも」とは だれを さして いますか。一つに ○を つけましょう。

あ（　）ふたりの 人げん。
い（　）白くまの きょうだい。
う（　）かあさんぐまと 子ぐま。

4 「ぐんぐん そだち」と ありますが、ふたりは なにを のんで そだちましたか。

かあさんの ［　　　］。

5 「このとおり。」の ここでの いみに、一つ ○を つけましょう。

あ（　）ちいさいでしょう。
い（　）大きいでしょう。
う（　）白いでしょう。

ヒント
「このとおり。」の 文の ちかくを 見て みよう。

ぴったり1 じゅんび

ことばの ぶんか① 天に のぼった おけやさん
ことばの ひろば① かたかな

＊かんまつの チャレンジテストでも あつかいます。

めあて
★ふるくから つたわる はなしを きこう。
★かたかなを かいて おぼえよう。

がくしゅうび 月 日
きょうかしょ 下54～57、142～145
こたえ 17ページ

かきトリ あたらしい かん字

きょうかしょ54ページ	56ページ	57ページ	57ページ
天 テン あま 4かく	中 チュウ・ジュウ なか 4かく	気 キ・ケ 6かく	小 ショウ ちい(さい)・こ・お 3かく
 天《てん》に のぼる	 あなの 中《なか》	 うれしい 気《き》もち	 小《ちい》さい
天	中	気	小
天 ながく はらう	中 まんなかを とおる	気 おなじあき はねる	小 はねる

「天」は、下の よこぼうが みじかいよ。

1 □に よみがなを かきましょう。

① 中に はいる。

② 気もちを こめる。

2 □に かん字を かきましょう。

① □《ちい》さい 手。

② □《てん》に のぼる。

3 正しい　いみに　○を　つけましょう。

① とうとう　うみに　つく。

あ（　）いろいろ　あって　ついた。

い（　）はじまって　すぐに。

② さっそく　べんきょうを　はじめる。

あ（　）じかんを　あけずに。

い（　）しばらく　たって。

③ おもいきって　ちょうせんする。

あ（　）えんりょして。

い（　）こころに　きめて。

4 □の　ひらがなを　かたかなで　□に　かきましょう。

きゃっち

5 えに　あう　ことばを　かたかなで　かきましょう。

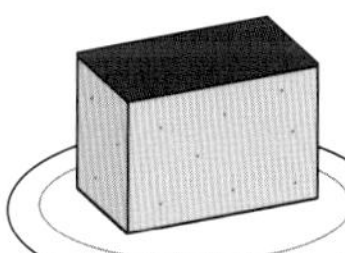

カステラ（はらう）

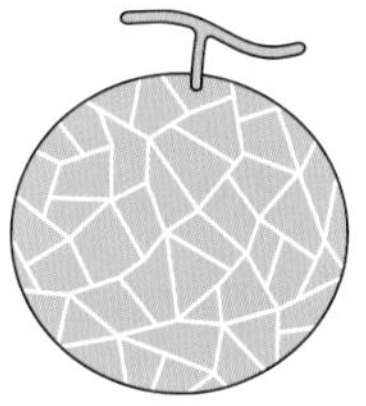

メロン（とめる　はらう）

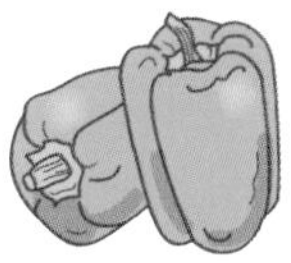

マ

キ

ジ

ことばの ぶんか① 天に のぼった おけやさん

文しょうを よんで、こたえましょう。

「なんじゃい、おまえは。こんなとこで なにを しとるか。」

「へえ。かさやで かさの ばんをしとったら、かさが かぜにとばされてなあ……。」

と、おけやさんが わけをはなしました。

「そうか、そうか。そんなら、わしのてつだいを して くれい。」

かみなりさんは、さっそく、おけやさんに しごとを いいつけました。

「さあて、いまから、夕立《ゆうだち》をふらすでな。この 水《みず》ぶくろを

1 「わけ」とは、どんな こと ですか。

して いたら、かぜに [　　　] を [　　　] たこと。

2 「てつだい」とは、どんな こと ですか。

[　　　] を もって ついて いく こと。

ヒント おけやさんが、いいつけられた ことだよ。

がくしゅうび　月　日
きょうかしょ 下54〜55、142〜145
こたえ 17ページ

もって、ついて　こい。」
おけやさんは　おもい　水ぶくろを　かつがされて、くもの　上《うえ》を　よっちら　おっちら、かみなりさんに　ついて　いきました。やがて、かみなりさんは　たいこを　うちはじめました。

ドドン　ゴロゴロ、
ドンゴロ　ドンゴロ

「ほうれ、おまえも
雨《あめ》を　ふらせろ。」

そこで、おけやさんも、水ぶくろの　水を　ザンザカ　ふりまきながら、くもの　上を　かけまわりました。むこうでは、かみなりさんが、たいこを　うちながら　どなって　います。

みずたに　しょうぞう「天に　のぼった　おけやさん」より

3 「たいこを　うちはじめました。」と　ありますが、かみなりさんは、なにを　しはじめたのですか。一つに　○を　つけましょう。

あ（　）かみなりを　ならす　こと。
い（　）雨を　たくさん　ふらす　こと。
う（　）おけやさんを　しかる　こと。

4 「雨を　ふらせろ。」と　いわれた　おけやさんは、なにを　しましたか。

［　　　　　］を
［　　　　　］から　まいた。

ヒント　なにが　雨に　なったのか　かんがえて　みよう。

かん字の ひろば② かん字の よみかた

こころが あたたかく なる 手がみ

めあて
★いくつかの よみかたが ある かん字を たしかめよう。
★気もちが つたわる 手がみを かこう。

がくしゅうび　月　日

きょうかしょ 下58～62ページ
こたえ 18ページ

かきトリ あたらしい かん字

きょうかしょ58ページ
本 ホン もと 5かく
二本《にほん》の バット
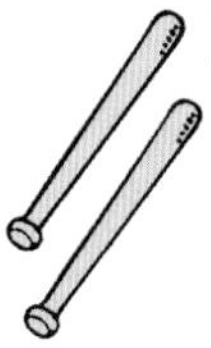

59ページ
竹 チク たけ 6かく
竹《たけ》とんぼ

59ページ
糸 シ いと 6かく
糸《いと》を とおす
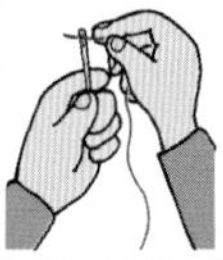

59ページ
左 サ ひだり 5かく
左《ひだり》を むく
左《さ》ゆう

59ページ
右 ウ・ユウ みぎ 5かく
右手《みぎて》を あげる
左右《さゆう》

59ページ
生 セイ・ショウ いきる・いかす・いける・うまれる・うむ・はえる・はやす・なま 5かく
生《う》まれる
生《い》きる
人生《じんせい》

59ページ
先 セン さき 6かく
先生《せんせい》

61ページ
休 キュウ やすむ・やすまる・やすめる 6かく
休《やす》んだ

1 □に よみがなを かきましょう。

① 竹を きる。（　　）

② 左右の 目。（　　）

2 □に かん字を かきましょう。

① ひる□《やす》み

② □《いと》で ぬう。

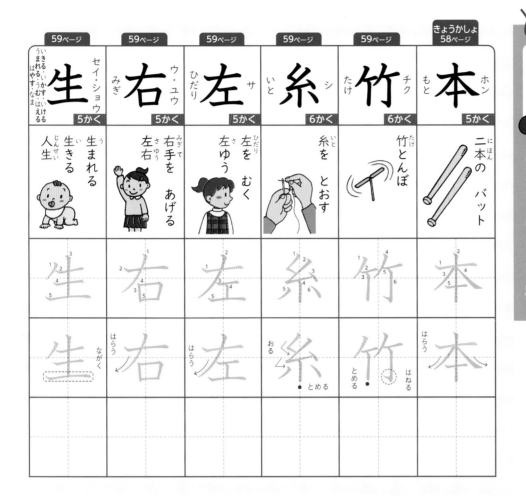

3 「日」の　よみがなを　かきましょう。

① 日かげ（　　）

② 一月四日（　　）

③ 三月三十日（　　）

④ 本日は　あめ。（　　）

4 「生」の　よみがなを　かきましょう。

① 先生が　くる。（　　）

② いもうとが　生まれた。（　　）

③ いっしょうけんめい　生きる。（　　）

5 あおいさんが　ゆいさんに　かいた　手がみを　よんで　こたえましょう。

まえだ　ゆいさん
いつも、いっしょにあそんで
くれて、ありがとう。
つぎの日よう日も、いっしょ
になわとびをしようね。
かとう　あおい

(1) あおいさんは　おれいの　気もちを　どんな　ことばで　かいて　いますか。

(2) 日よう日に　なにを　しますか。

ぴったり3 たしかめのテスト①

うみへの ながい たび ～こころが あたたかく なる 手がみ

二 だれが なにを したかを たしかめよう
三 しゃしんを よく 見て、そうぞうしよう

じかん20ぷん ／100 ごうかく80てん

がくしゅうび 月 日
きょうかしょ 下31～62ページ
こたえ 18ページ

文しょうを よんで、こたえましょう。 思考・判断・表現

6

かあさんぐまの おもいは、まちがって いなかった。なつかしい なみの 音。しおかぜの におい。うみだ。うみに もどって きたのだ。

「ここが うみだよ。おまえたちが これから くらす ところ。しっかり およぎを おぼえるんだ。それから、えさとりもね。」

きょうだいは、うまれて はじめて 見る うみの ひろさに 目を みはった。それから、そろって 大きく うなずいた。

「うん。」

1 かあさんぐまは、なにの 音と、なにの においに 気が つきましたか。 一つ10てん(20てん)

（　　　　）の 音。

（　　　　）の におい。

2 かあさんぐまは うみを どう する ところだと いいましたか。 20てん

これから ［　　　］ ところ。

よく出る **3** 「目を みはった。」とは、どのような ようすを あらわして いますか。

7
それから、二年半《はん》ばかりが　すぎる。きょうだいは、青い　大きな　うみを　あいてに、すくすく　そだった。えさとりも　うまく　なり、おいしい　あざらしも　たっぷり　とって、もう　一人前《まえ》だ。よく　ねむり、おきると　ふたりで　ふざけあい、うみへ　はいって　しっかり　およぎ、よく　たべては　日なたぼっこも　ゆっくりと。

このように　して、何《なん》百　何千もの　白くまの　親《おや》子が、きたの　うみで、きょうも　くらして　いる……。

いまえ　よしとも「うみへの　ながい　たび」より

一つに　○を　つけましょう。

あ（　）目を　まわした　ようす。
い（　）こわがって　いる　ようす。
う（　）びっくりする　ようす。

20てん

できたらスゴイ!

4 「一人前だ。」と　ありますが、きょうだいの　どのような　ようすが　一人前ですか。かきぬきましょう。

20てん

（　　　　）とった　ようす。

かんがえを　かこう

5 きょうだいは、かあさんぐまに　おしえられて　どんな　ことを　おぼえたと　おもいますか。

20てん

ふりかえり　5が　わからない　ときは、63ページの　3分でワンポイント　に　もどって　かくにんしよう。

ぴったり3 たしかめのテスト②

二 だれが なにを したかを たしかめよう
三 しゃしんを よく 見て、そうぞうしよう

うみへの ながい たび ～ こころが あたたかく なる 手がみ

じかん 20 ぷん

／100

ごうかく 80 てん

がくしゅうび　月　日

きょうかしょ 下31～62ページ

こたえ 19ページ

1 （　）に よみがなを かきましょう。　一つ3てん（24てん）

①（　）右を むく。
②（　）目を とじる。
③（　）小さい 虫。
④（　）本を かう。
⑤（　）音を きく。
⑥ ほそい（　）糸
⑦（　）年がじょう
⑧（　）左手を あげる。

2 □に かん字を かきましょう。　一つ3てん（24てん）

① □《たけ》とんぼ
② □□《あおぞら》
③ □□《せんせい》
④ □《き》もち
⑤ □《やす》み時間
⑥ □《みみ》の あな。
⑦ □《ちから》もち
⑧ いえの □《なか》。

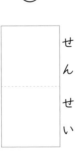

3 それぞれの もんだいに こたえましょう。

(1) えに あう かたかなを かきましょう。 一つ15てん(30てん)

①

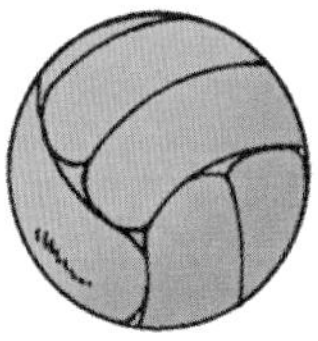

□□□

②

□□□

(2) □に かたかなを かきましょう。 5てん

クラスで 四人の

ぐるうぷ

□□□□ を

つくりました。

4 —の かん字の よみかたと おなじ ものに ○を つけましょう。 5てん

気もち

( ) 気ぶん

( ) さむ気

5 思考・判断・表現

えを 見て、おはなしの つづきを かんがえましょう。 12てん

くまさんは、うさぎさんから りんごを もらいました。

四 ようすを おもいうかべながら よもう

スイミー

レオ＝レオニ 文・え／たにかわ しゅんたろう やく

どくしょの ひろば

「おはなしどうぶつえん」を つくろう

めあて

★ばめんの ようすに 気を つけて よもう。
★どうぶつの 出て くる 本を よんで、カードを かこう。

がくしゅうび　月　日

きょうかしょ　下63〜85ページ

こたえ　19ページ

かきトリ あたらしい かん字

赤	林	夕	雨
きょうかしょ64ページ	71ページ	80ページ	80ページ
セキ／あか・あかい・あからむ・あからめる	リン／はやし	ゆう	ウ／あめ・あま
7かく	8かく	3かく	8かく
赤《あか》い りんご	林《はやし》の 中《なか》	夕日《ゆうひ》	雨《あめ》が ふる
はねる	はらう	はらう	はねる

「林」は、左の 「木」の 四かく目を みじかく かくよ。

1 （　）に よみがなを かきましょう。

① 赤（　）い くつ。
② 林（　）と もり。
③ 夕（　）がたに 雨（　）が ふる。

2 □に かん字を かきましょう。

① しん□（りん）
② □（せき）はん

3 いままでに　よんだ　本で　どうぶつが　出て　くる　本の　名まえを　かきましょう。

（　　　　　　　　）

「おはなしどうぶつえん」を　つくろう

4 つぎの　――《せん》で　おはなしに　出て　くる　どうぶつを　むすびましょう。

つるの　おんがえし・	・ねずみ
うらしまたろう・	・つる
赤ずきん・	・おおかみ
おむすび　ころりん・	・かめ

3分で　ワンポイント

スイミーの　ようすや　気もちを　よみとろう。

★ ①～③に　あう　スイミーの　気もちを、□の　中から　えらんで、きごうを　かきましょう。

①（　　）	②（　　）	③（　　）
うみで　すばらしい　ものを　見た。	スイミーに　そっくりの　きょうだいを　見つけた。	まぐろに　きょうだいたちが　たべられた。

ア

かなしい

イ

たのしい

ウ

ゆう気が　出た

がくしゅうび　月　日
きょうかしょ 下63～81ページ
こたえ 20ページ

文しょうを よんで、こたえましょう。

ある 日、
おそろしい まぐろが、
おなかを すかせて
すごい はやさで、
ミサイルみたいに
つっこんで きた。
一口で、まぐろは、
小さな 赤い
さかなたちを、
一ぴき のこらず
のみこんだ。
にげたのは
スイミーだけ。

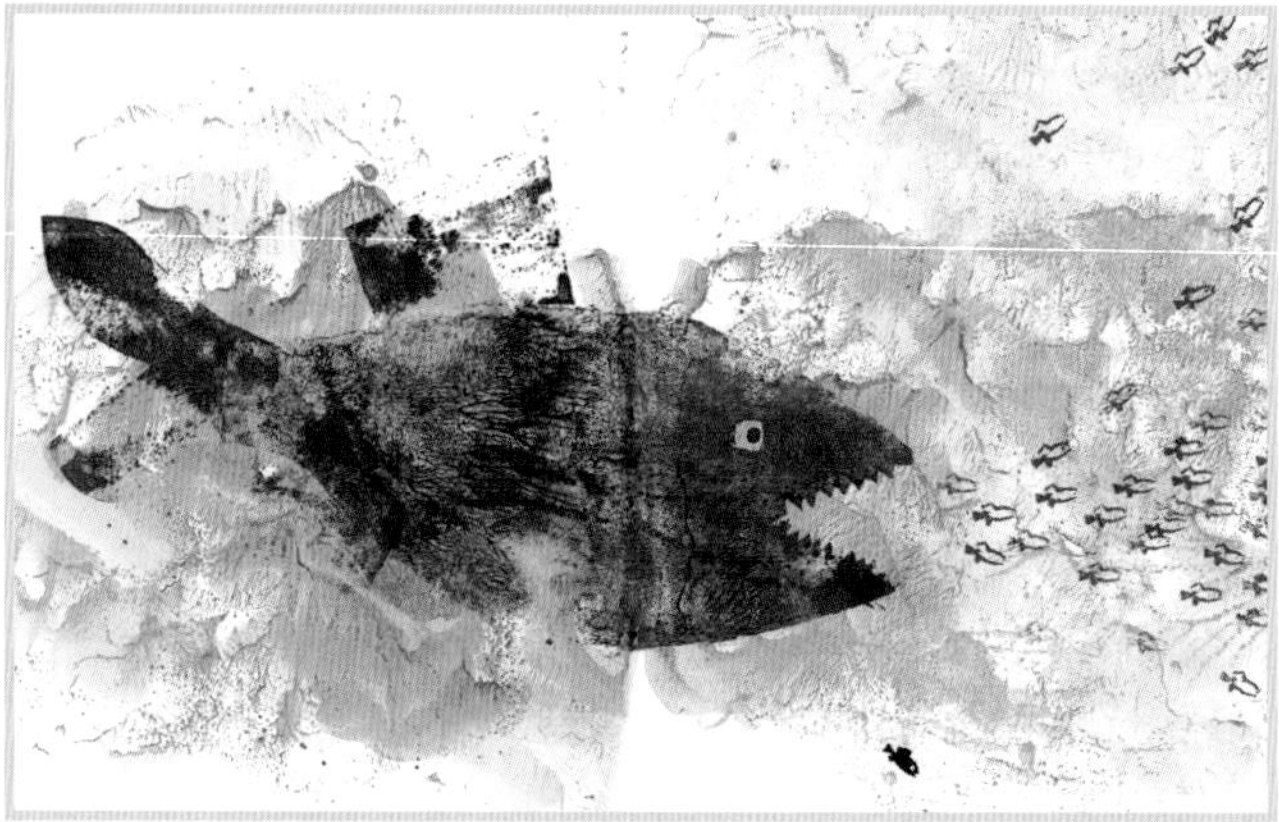

1 「ミサイルみたいに」とは まぐろの どんな ようすの ことですか。一つに ○を つけましょう。

あ（　）いったり きたり する ようす。
い（　）まっすぐ むかって くる ようす。
う（　）じっと して いる ようす。

2 「ミサイルみたいに」つっこんで きた まぐろは、それから どう しましたか。

一口で、小さな 赤い さかなたちを、一ぴき のこらず ＿＿＿＿ 。

ヒント 「一口で、まぐろは…」と いう 文を よもう。

スイミーは　およいだ、
くらい　うみの　そこを。
こわかった、
さびしかった、
とても　かなしかった。

けれど、うみには、
すばらしい　ものが
いっぱい　あった。
おもしろい　ものを
見る　たびに、
スイミーは、
だんだん　元気《げん》を
とりもどした。

にじいろの　ゼリーのような　くらげ。
水中ブルドーザーみたいな　いせえび。

レオ＝レオニ　文・え／たにかわ　しゅんたろう　やく「スイミー」より

3 「おもしろい　もの」を　見る　たびに、スイミーは　どう　なりましたか。

スイミーは、[　　]を[　　　　　　]。

4 くらげと　いせえびを　見た　スイミーは　それぞれ　どのように　あらわして　いますか。[　　]から　一つずつ　えらびましょう。

①くらげ（　　）
②いせえび（　　）

- ㋐ ももいろの　やしの　木みたいな
- ㋑ にじいろの　ゼリーのような
- ㋒ 水中ブルドーザーみたいな
- ㋓ ドロップみたいな

ヒント
「〜ような」と　いう　ことばに　ちゅういしよう。

四 ようすを おもいうかべながら よもう

スイミー
どくしょの ひろば
「おはなしどうぶつえん」を つくろう

がくしゅうび　月　日

きょうかしょ 下63～85ページ

こたえ 20ページ

文しょうを よんで、こたえましょう。 思考・判断・表現

　その とき、いわかげに、スイミーは 見つけた。スイミーのと そっくりの、小さな さかなの きょうだいたちを。

スイミーは いった。

「出て こいよ。みんなで あそぼう。おもしろい ものが いっぱいだよ。」

小さな 赤い さかなたちは こたえた。

「だめだよ。大きな さかなに、たべられて しまうよ。」

「だけど、いつまでも そこに じっと して いる わけには いかないよ。なんとか かんがえなくちゃ。」

スイミーは かんがえた。いろいろ

よく出る

1 「小さな さかなの きょうだいたち」が、いわかげから 出て こないのは なぜですか。 20てん

大きな さかなに （　　　　　　　） しまうから。

2 「スイミーは かんがえた。」と ありますが、スイミーは なにを かんがえましたか。一つに ○を つけましょう。 20てん

あ（　）うみで いちばん 大きな さかなの ふりを する こと。

い（　）うみで いちばん 小さな さかなの ふりを する こと。

う（　）大きな さかなに 見つからない ように かくれる こと。

かんがえた。うんと　かんがえた。

それから　とつぜん　スイミーは　さけんだ。

「そうだ。みんな　いっしょに　およぐんだ。うみで　いちばん　大きな　さかなの　ふりを　して。」

スイミーは　おしえた。けっして　はなればなれに　ならない　こと。みんな、もちばを　まもる　こと。

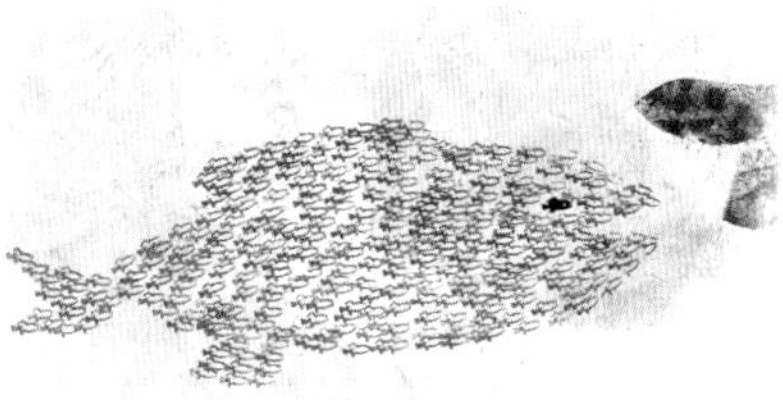

みんなが、一ぴきの　大きな　さかなみたいに　およげるように　なった　とき、スイミーは　いった。

「ぼくが、目に　なろう。」

あさの　つめたい　水の　中を、ひるの　かがやく　ひかりの　中を、みんなは　およぎ、大きな　さかなを　おい出した。

レオ＝レオニ　文・え／たにかわ　しゅんたろう　やく「スイミー」より

できたらスゴイ！

3 「スイミーは　おしえた。」と　ありますが、スイミーは　きょうだいたちに　なにを　おしえましたか。文の　中から　二つ　かきぬきましょう。　一つ15てん（30てん）

（　　　　）

（　　　　）

4 みんなが、一ぴきの　大きな　さかなみたいに　およげるように　なった　とき、スイミーは　なにに　なりましたか。　10てん

□に　なりました。

かんがえを　かこう

5 スイミーと　きょうだいたちは　その　あと　どのように　くらしたと　おもいますか。　20てん

（　　　　）

ふりかえり　4が　わからない　ときは、77ページの　3分でワンポイント　に　もどって　かくにんしよう。

ぴったり3

たしかめのテスト②

四 ようすを おもいうかべながら よもう

スイミー
どくしょの ひろば
「おはなしどうぶつえん」を つくろう

じかん20ぷん

／100

ごうかく80てん

がくしゅうび　月　日

きょうかしょ　下63〜85ページ

こたえ　21ページ

1 （　）に よみがなを かきましょう。　一つ5てん（20てん）

① 赤道《どう》（　　）

② きょうは 雨天だ。（　　）

③ 竹林（　　）

④ 夕日を 見る。（　　）

2 □に かん字を かきましょう。　一つ5てん（10てん）

① 白ぐみと □《あか》ぐみ。

② □《はやし》の 木。

3 正しい いみに ○を つけましょう。　一つ5てん（20てん）

① かぜで 木が ゆれる。

(あ)（　）まえや うしろ、左右、上下に うごく。

(い)（　）じっと うごかずに そのばで かたまる。

② けっして ふりかえっては いけない。

(あ)（　）いつでも

(い)（　）ぜったいに

③ もちばに つく。

(あ)（　）うけもって いる ばしょ。

(い)（　）きめられて いない ばしょ。

④ 虫を へやから おい出す。

(あ)（　）中に いれる。

(い)（　）そとへ 出す。

4

つぎの おはなしに 出て くる どうぶつを それぞれ あ～えから えらびましょう。

一つ10てん（20てん）

「ぞうのババール」
「のんびり森《もり》のぞうさん」 （　　）

「さかさまライオン」
「なぞなぞライオン」 （　　）

あ さる　い ライオン
う きつね　え ぞう

このほんのおわりにある「ふゆのチャレンジテスト」をやってみよう！

5

つぎの ――の ことばは なにいろを あらわす たとえですか。――《せん》で むすびましょう。

かんとう20てん

からすみたいな	・	・	あおいろ
りんごのような	・	・	くろいろ
うみみたいな	・	・	ももいろ
もものような	・	・	あかいろ

6

思考・判断・表現

えに あう 文を「みたいな」や「ような」などの たとえを つかって かきましょう。

10てん

ふりかえり 4が わからない ときは、77ページの 3に もどって かくにんしよう。

五 じぶんの した ことと むすびつけて よもう

ゆき

みぶりで つたえる

＊「たしかめのテスト②」で あつかいます。

のむら まさいち

ことばの ひろば② 文を つくろう

かん字の ひろば③ かわる よみかた

きょうかしょ 下86〜105ページ
こたえ 21ページ

めあて
★文と えで みぶりに ついて たしかめよう。
★だれが どう した と いう 文を かこう。
★よみかたが かわる かん字を たしかめよう。

がくしゅうび　月　日

かきトリ あたらしい かん字

きょうかしょ 102ページ	103ページ	105ページ	105ページ	105ページ	105ページ
男 ダン・ナン おとこ 7かく	女 ジョ おんな 3かく	円 エン まるい 4かく	学 ガク まなぶ 8かく	校 コウ 10かく	草 ソウ くさ 9かく
男《おとこ》の子《こ》 	女《おんな》の子《こ》 	一円《いちえん》 	中学生《ちゅうがくせい》 	学校《がっこう》へ いく 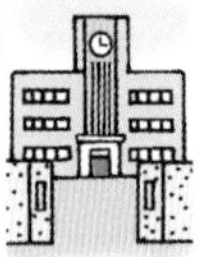	草《くさ》はら 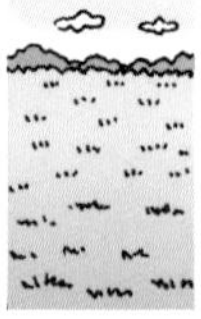
男	女	円	学	校	草
男 つきだす はねる	女 つきだす とめる	円 ださない はねる	学 はねる	校 とめる はらう	草 とめる

105ページ	105ページ
玉 ギョク たま 5かく	村 ソン むら 7かく
けん玉《だま》 	村《むら》で くらす 
玉	村
玉 ながく	村 はねる

1 □に よみがなを かきましょう。

① 草が 生える。

② 学校に かよう。

③ 村で くらす。

④ 一円玉を ひろう。

2 □に かん字を かきましょう。

① □《おとこ》の子　② □《おんな》の子

文を　つくろう

3 つぎの 文で 「だれが どう した」の 「だれが」に あたる ことばを ◯で かこみましょう。

あねが うたを うたって います。

かわる　よみかた

4 —の かん字の よみかたと おなじ ものに ○を つけましょう。

① 十円

（　）空を とぶ 円ばん。

（　）円い テーブル。

みぶりで　つたえる

3分で ワンポイント

えと あわせて みぶりの せつめいを よみとろう。

★文しょうに あう えを さがして —《せん》で むすびましょう。

くびを たてに ふると 「はい」と いう いみに なる。

あたまを 下げながら 「ありがとう ございます。」と いうと、おれいの 気もちが よく つたわる。

りょう手を 上げて ばんざいを すると、うれしい 気もちが つよく つたわる。

みぶりで つたえる

文しょうを よんで、こたえましょう。

　こうえんの むこうに ともだちを 見つけて、おもわず 手を ふった ことは ありませんか。その とき、ともだちも、手を ふって こたえて くれた ことでしょう。
　わたしたちは、ことばだけで なく、みぶりでも、気もちや かんがえを つたえあって います。
　くびを たてに ふると「はい」、よこに ふると「いいえ」、

1 わたしたちは、みぶりで なにを つたえあいますか。

（　　　　）や（　　　　）。

2 つぎの みぶりの いみを [　] から えらんで、きごうで こたえましょう。

・くびを たてに ふる。（　）
・くびを よこに かたむける。（　）

あ「よく わからない」
い「はい」
う「いいえ」

ヒント 「　」の ことばに ちゅうもくしよう。

がくしゅうび　月　日
きょうかしょ 下89〜101ページ
こたえ 22ページ

よこに　かたむけると
「よく　わからない」と
いう　いみに　なります。
くちびるに　人さしゆびを
あてると
「しずかに　しよう」と
いう　いみに　なります。
　このような　とき、
みぶりは　ことばの
かわりを　して　います。

のむら　まさいち「みぶりで　つたえる」より

3 くちびるに　人さしゆびを　あてると
どんな　いみに　なりますか。一つに
○を　つけましょう。

- （あ）（　）おおきな　こえで　はなそう。
- （い）（　）よく　わからない。
- （う）（　）しずかに　しよう。
- （え）（　）ごめんなさい。

ヒント　「人さしゆびを　あてると……」の　あとを
よもう。

4 みぶりが　いみを　あらわす　とき、
みぶりは　なにの　かわりを　して
いますか。

（　　　　）の　かわり

ぴったり3

たしかめのテスト①

五 じぶんの した ことと むすびつけて よもう

ゆき ～ かん字の ひろば③・かわる よみかた

じかん20ぷん

／100

ごうかく80てん

がくしゅうび　月　日

きょうかしょ　下86～105ページ

こたえ　22ページ

文しょうを よんで、こたえましょう。　思考・判断・表現

あたまを 下げながら、「ありがとう ございます。」と いうと、おれいの 気もちが よく つたわります。

このように、みぶりと ことばを いっしょに つかうと、じぶんの つたえたい ことを、あいてに うまく つたえる ことが できます。

また、みぶりは、とくに 気もちを つよく あらわす ことが あります。うれしい ときには、りょう手を

1 おれいの 気もちを つたえる ときは「ありがとう ございます。」の ことばと どんな みぶりを すると よいですか。　15てん

（　　　　）を 下げながら、「ありがとう ございます。」と いう。

よく出る

2 みぶりと なにを いっしょに つかうと じぶんの つたえたい ことを、あいてに うまく つたえられますか。　20てん

みぶりと ［　　　　］。

できたらスゴイ！

3 みぶりは とくに なにを つよく あらわす ことが ありますか。　15てん

上げて　ばんざいを　します。
こまった　ときには、
うでを　くんだり、
あたまに　手を
あてたり　します。
　このように、
うれしい、たのしい、
かなしい、
こまったなどの
気もちは、みぶりを
つかうと、よく
つたわります。

のむら　まさいち「みぶりで　つたえる」より

4 「ばんざい」とは、どういう　気もちの　ときに　する　みぶりですか。
あう　ほうに　○を　つけましょう。　15てん

あ（　）かなしい　気もち。
い（　）うれしい　気もち。

5 こまった　ときには　うでを　くむ　ほかに　どんな　みぶりを　つかいますか。　15てん

（　　）に（　　）を
あてる。

かんがえを　かこう

6 みぶりを　つかって　はなすと　どんな　ところが　よいと　おもいますか。　20てん

［　　　　　　　　］

ふりかえり　6が　わからない　ときは、85ページの　3分でワンポイント　に　もどって　かくにんしよう。

ぴったり3
たしかめのテスト②

五 じぶんの した ことと むすびつけて よもう

ゆき ～ かん字の ひろば③ かわる よみかた

じかん 20ぷん

／100

ごうかく 80てん

がくしゅうび 月 日

きょうかしょ 下86～105ページ

こたえ 23ページ

1 （ ）に よみがなを かきましょう。 一つ6てん(30てん)

① 男子（ ） と 女子（ ）。

② 百円（ ） の おつり。

③ にわの 草（ ） を かる。

④ 村（ ） ちょうに あう。

2 □に かん字を かきましょう。 一つ5てん(20てん)

① □《おとこ》 の 人。

② □《おんな》 の 人。

③ 先生に □《まな》 ぶ。

④ □《まる》 い まど。

3 えに あう 文を つくりましょう。 かんとう10てん

あにが （ ）を （ ）います。

4 「ゆき」を よんで、こたえましょう。

ゆき

かわさき ひろし

はつゆき ふった
こなゆき だった
くつの 下で きゅっきゅと ないた
どかゆき ふった
のしのし ふって
ずんずん つもり
ねゆきに なった
べたゆき ふって
ぼたゆき ふって
ざらめゆきに なって
もう すぐ はるだ

(1) はつゆきは どんな ゆきでしたか。 10てん

（　　　　）ゆき

(2) ゆきは どのように つもりましたか。一つに ○を つけましょう。 10てん

あ（　）とんとん
い（　）ずんずん
う（　）しとしと

(3) べたゆきが ふった あとに どんな ゆきが ふりましたか。 10てん

（　　　　）が ふった。

(4) ざらめゆきに なると もう すぐ どんな きせつに なりますか。 10てん

（　　　　）に なる。

ふりかえり ❸が わからない ときは、85ページの ❸に もどって かくにんしよう。

六 ききたい ことを おとさないように きこう

はじめて しった 学校の こと
ことばの ひろば③ ことばで つたえよう

めあて
★しりたい ことを たずねて、きいた ことを しらせよう。
★ものごとを ことばを つかって あらわそう。

がくしゅうび 月 日
きょうかしょ 下106〜113ページ
こたえ 23ページ

かきトリ あたらしい かん字

きょうかしょ 111ページ

入 ニュウ いる・いれる はいる 2かく

いえに 入《はい》る

つきださない

入 人

「入」と「人」は かたちが にて いるよ。まちがわないように 気を つけよう。

1 □に よみがなを かきましょう。

① へやに 入（ ）る。 ② 入（ ）り口

2 □に かん字を かきましょう。

① かごに □《い》れる。

② □《にゅう》学

はじめて しった 学校の こと

3 正しい いみに ○を つけましょう。

① ていねいな ことばづかい。

あ（ ）おおざっぱ。

い（ ）れいぎ 正しい。

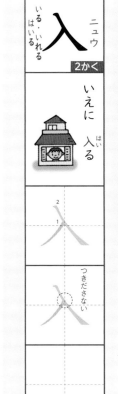

4 なつこさんが　かいた　メモの　①・②に　あてはまる　ことばを　かきましょう。

先生が　たのしみに　して　いる　ことは　なんですか。

みなさんの　かいた　さく文を　よむ　ことです。

きいた　あいて	先生
しつもん	①に　して　いる　こと。
きいた　こと	みんなが　かいた　②を　よむ　こと。

①（　　　　）

②（　　　　）

5 つぎの　クイズの　こたえを　［　］の　中の　あ～えから　えらんで　かきましょう。

① 白くて　ほそながい　ものを　つゆに　つけて　たべる。ながして　たべる　ことも　あるよ。

こたえ（　　　　）

② 小さくて　ころころして　いろいろな　あじや　かたちの　ものが　ある。口に　入れると　だんだん　とけて　くるよ。

こたえ（　　　　）

- あ　あめ
- い　そうめん
- う　せんべい
- え　おにぎり

ぴったり1 じゅんび

3分でまとめ

七 まとまりに わけて かき、ぶんしょうの よい ところを 見つけよう

おもい出の アルバム
かん字の ひろば④ にて いる かん字
ことばの ぶんか② しりとりで あそぼう

かきトリ あたらしい かん字

きょうかしょ118ページ

石 セキ・シャク いし 5かく

石《いし》を ひろう

119ページ

犬 ケン いぬ 4かく

犬《いぬ》が ほえる

つける はらう

119ページ

王 オウ 4かく

王《おう》さま

ながく

119ページ

町 チョウ まち 7かく

町《まち》へ いく

はねる

119ページ

森 シン もり 12かく

森《もり》で あそぶ

はらう

119ページ

貝 かい 7かく

貝《かい》がら

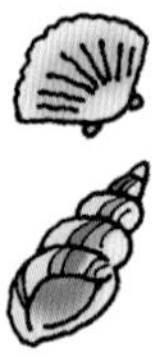

おなじあき とめる

119ページ

足 ソク あし・たりる・たる・たす 7かく

足《あし》あと

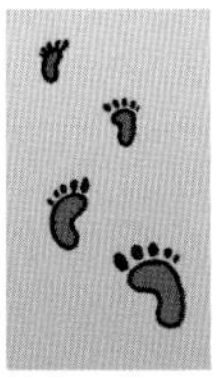

はらう

1 （　）に よみがなを かきましょう。

① 右の 足。（　）

② 犬を かう。（　）

2 □に かん字を かきましょう。

① 白い □《かい》がら。

② □《まち》に すむ。

③ □《おう》に あう。

④ □《もり》に 入る。

めあて

★おもい出を ぶんしょうに かこう。

★かたちの にた かん字を たしかめよう。

★なかまの ことばで しりとりを しよう。

がくしゅうび　月　日

きょうかしょ 下114～120ページ

こたえ 24ページ

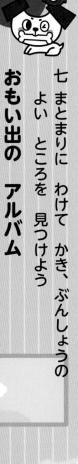

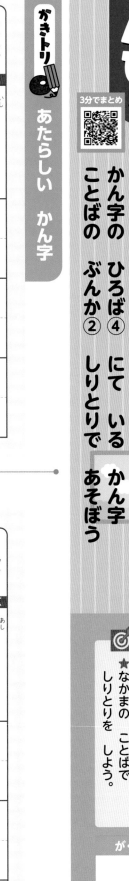

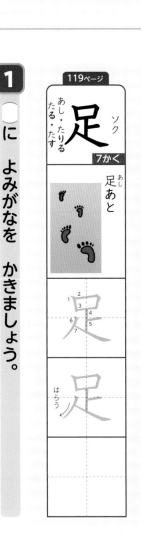

おもい出の　アルバム

3 ぶんしょうを　よんで、こたえましょう。

およげるようになったこと
　わたしのなつのおもい出は、およげる
ようになったことです。
　プールでまい日れんしゅうしました。
あにが、
「からだの力をぬくと、水にうきやすい
よ。」
と、おしえてくれました。
　ひとりでおよげたときはうれしかっ
たです。つぎは、おうちの人に見せたい
とおもいます。

① 「つぎは、おうちの人に見せたいと
おもいます。」は　まとまりに　わけると
どんな　ことを　つたえる　ときの
いいかたですか。一つに　○を
つけましょう。

あ（　）おねがい　したい　こと。
い（　）やめて　ほしい　こと。
う（　）おもって　いる　こと。

にて　いる　かん字

4 にて　いる　かん字に　気を　つけて、□に　かん字を　かきましょう。

① □《いし》を　□《みぎ》に　おく。

② □《き》は　□《みず》を　すう。

しりとりで　あそぼう

5 えを　見て、しりとりに　なるように　（　）に　あう　ことばを　かきましょう。

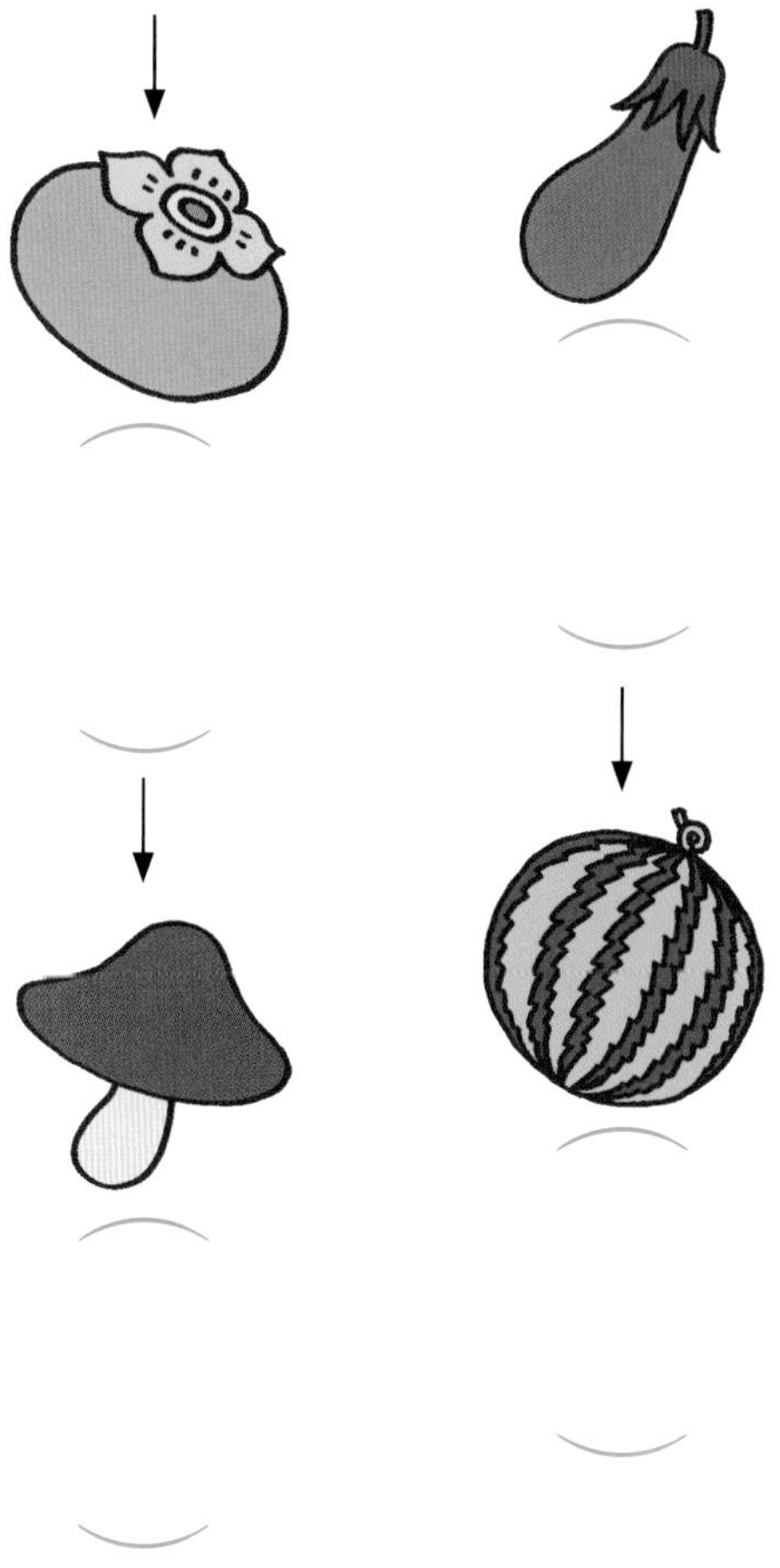

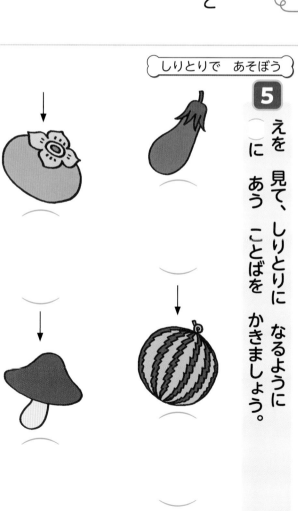

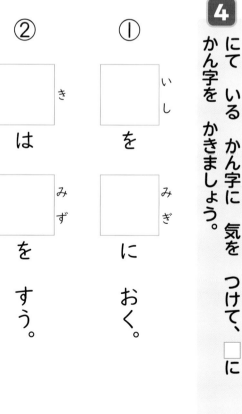

ぴったり3 たしかめのテスト

七 まとまりに わけて かき、ぶんしょうの よい ところを 見つけよう

おもい出の アルバム ～ ことばの ぶんか② しりとりで あそぼう

じかん 20 ぷん

／100

ごうかく 80 てん

がくしゅうび　月　日

きょうかしょ 下114～120ページ

こたえ 24ページ

1 （　）に よみがなを かきましょう。　一つ5てん(20てん)

① 王の いす。（　）

② 大きな 町。（　）

③ まるい 石。（　）

④ 森の 中。（　）

2 □に かん字を かきましょう。　一つ5てん(15てん)

① 右□《あし》

② □《いぬ》が なく。

③ すなはまで □《かい》がらを ひろう。

3 おなじ ぶぶんが ある かん字を [　] から えらんで □に かきましょう。　一つ10てん(20てん)

① 木 → 校・□

② 日 → 百・□

草・目・村・大

4 つぎの しりとりを かんせいさせましょう。　かんとう15てん

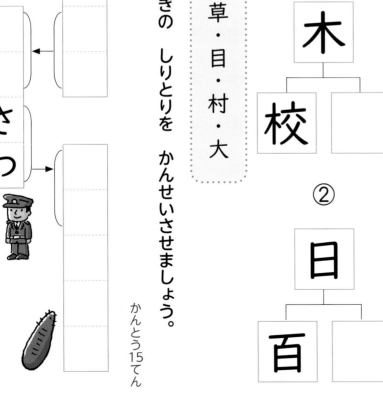

5 ぶんしょうを　よんで、こたえましょう。 思考・判断・表現

さかあがりができた

なつかわ　まゆ

わたしのいちばんのおもい出は、さかあがりができるようになったことです。はじめは、ぜんぜんできなくて、てのひらがいたくなりました。まい日れんしゅうしたので、てのひらにまめができました。さかいさんが、

「てつぼうに、おなかをくっつけたままにするといいよ。」

と、おしえてくれました。

なつかわ　まゆ「さかあがりができた」（「おもい出の　アルバム」より）

(1)　いちばんの　おもい出は、なにが　できるように　なった　ことですか。 10てん

（　　　）

(2)　「てのひらにまめができました。」と　ありますが、どのくらい　れんしゅうしましたか。一つに　○を　つけましょう。 10てん

あ（　）一しゅうかんに　一かい。

い（　）三日に　一かい。

う（　）まい日。

(3)　なつかわさんの　ぶんしょうの　よい　ところを　かきましょう。 10てん

［　　　］

ふりかえり　4が　わからない　ときは、95ページの　5に　もどって　かくにんしよう。

八 おはなしを よんで おもった ことを つたえよう

お手がみ

アーノルド＝ローベル 文・え
みき たく やく

めあて
★ようすを おもいうかべながら よもう。

がくしゅうび　　月　　日
きょうかしょ 下121〜139ページ
こたえ 25ページ

1 ○に よみがなを かきましょう。

① 一人（　　　）で 見る。 ② 二人（　　　）で いく。

◆とくべつな よみかたの ことば

2 つぎの ことばを つかって 文を つくりましょう。

・まだ
（　　　　　　　　　　）

・きっと
（　　　　　　　　　　）

3 正しい いみに ○を つけましょう。

① 十二じだ。つまり、ごはんの じかんだ。
あ（　）いいかえると。
い（　）はんたいに。

② いすに こしを おろして 休む。
あ（　）もたれて。
い（　）すわって。

③ そうじは ぼくに まかせて ほしい。
あ（　）かわりに やらせて。
い（　）ずっと そうだんして。

④ しんあいなる かえるくんへ。
あ（　）とても つよい。
い（　）したしい ともだちで ある。

4 正しい ほうを それぞれ えらび、上と 下を —《せん》で むすびましょう。

①お手がみを まって いるのは だれですか。

②お手がみを はこんだのは だれですか。

③お手がみを もらったのは だれですか。

- がまくん
- かたつむりくん
- かえるくん
- かたつむりくん
- かえるくん
- がまくん

3分でワンポイント

がまくんたちの した ことと、気もちを たしかめよう。

★①〜③の（　）に あう 気もちを [　] の中から えらんで、記ごうを かきましょう。

気もち	がまくんと かえるくんの した こと
①（　）	がまくんお手がみを もらった ことが ない、と いった。
②（　）	がまくんお手がみが くるのを またずに おひるねを して いた。かえるくんがまくんに お手がみを だした、と いった。
③（　）	ふたりお手がみが くるのを まった。

ア しあわせ
イ かなしい
ウ あきあき

お手がみ

文しょうを よんで、こたえましょう。

がまくんは、げんかんの まえに すわって いました。

かえるくんが やって きて、いいました。

「どう したんだい、がまがえるくん。きみ、かなしそうだね。」

「うん、そうなんだ。」

がまくんが いいました。

「いま、一日の うちの かなしい ときなんだ。つまり、お手がみを まつ じかんなんだ。そう なると、いつも ぼく、とても ふしあわせな 気もちに なるんだよ。」

「そりゃ、どういう わけ。」

1 「かえるくんが やって きて」と ありますが、この とき、がまくんは どこに すわって いましたか。

（　　　）の（　　　）。

2 「かえるくんが やって きて」と ありますが、この とき がまくんは どんな ようすに 見えましたか。

［　　　　　］な ようす。

ヒント かえるくんの ことばに ちゅうもくしよう。

がくしゅうび　月　日
きょうかしょ　下121～139ページ
こたえ　25ページ

かえるくんが　たずねました。
「だって、ぼく、お手がみ　もらった　こと
ないんだもの。」
がまくんが　いいました。
「一ども　かい。」
かえるくんが　たずねました。
「ああ。一ども。」
がまくんが　いいました。
「だれも、ぼくに
お手がみなんか　くれた
ことが　ないんだ。
毎《まい》日、ぼくの　ゆうびんうけは
空っぽさ。手がみを　まって
いる　ときが　かなしいのは、
その　ためなのさ。」
二人とも、かなしい　気分《ぶん》で、げんかんの
まえに　こしを　おろして　いました。

アーノルド＝ローベル　文・え／みき　たく　やく「お手がみ」より

3 お手がみを　まつ　とき、がまくんが「ふしあわせな　気もち」に　なるのは、なぜですか。一つに　○を　つけましょう。

ⓐ（　）だれも　お手がみの　へんじを　くれないから。
ⓘ（　）一日の　うちで　一ばん　つかれる　ときだから。
ⓤ（　）一ども　お手がみが　とどいた　ことが　ないから。

4 「こしを　おろして　いました。」と　ありますが、この　ときの　二人の　ようす　一つに　○を　つけましょう。

ⓐ（　）だまって　おちこんで　いる。
ⓘ（　）げん気を　出そうと　して　いる。
ⓤ（　）うるさく　おこって　いる。

ヒント　二人は　どんな　気分で　げんかんに　いたのかな。

八 おはなしを よんで おもった ことを つたえよう

お手がみ

文しょうを よんで、こたえましょう。 思考・判断・表現

「かえるくん、どうして きみ、ずっと まどの そとを 見て いるの。」

がまくんが たずねました。

「だって、いま、ぼく、手がみを まって いるんだもの。」

かえるくんが いいました。

「でも、きや しないよ。」

がまくんが いいました。

「きっと くるよ。」

かえるくんが いいました。

「だって、ぼくが、きみに 手がみ出したんだもの。」

「きみが。」

よく出る

1 かえるくんが、ずっと まどの そとを 見て いるのは、なぜですか。 一つ10てん（20てん）

□□□ を

□□□ いるから。

2 「きみが。」と いった とき、がまくんは どんな ようすでしたか。一つに ○を つけましょう。 15てん

あ（ ）しんぱいして いる ようす。

い（ ）はしゃいで いる ようす。

う（ ）びっくりして いる ようす。


できたらスゴイ！

3 かえるくんは、手がみの 中で、どんな ことを うれしく おもうと かいて いましたか。 20てん

がまくんが　いいました。
「手がみに、なんて　かいたの。」
かえるくんが　いいました。
「ぼくは、こう　かいたんだ。
『しんあいなる　がまがえるくん。
ぼくは、きみが　ぼくの　しんゆうで
ある　ことを　うれしく　おもって
います。きみの　しんゆう、かえる。』」
「ああ、」
がまくんが　いいました。
「とても　いい　手がみだ。」
それから　二人は、
げんかんに　出て、
手がみの　くるのを　まって
いました。二人とも、
とても　しあわせな　気もちで、
そこに　すわって　いました。

アーノルド＝ローベル　文・え／みき　たく　やく「お手がみ」より

がまくんが、ぼくの（　　　　）こと。

4 「ああ、」と　いった　ときの　がまくんは　どんな　気もちでしたか。二つに　○を　つけましょう。　一つ8てん（16てん）

㋐（　）かんどう　　㋑（　）ふしぎ
㋒（　）よろこび　　㋓（　）がっかり

できたらスゴイ！

5 手がみを　まって　いる　とき、二人は　どんな　気もちでしたか。　15てん

（　　　　）

かんがえをかこう

6 この　おはなしの　あと、がまくんは、かえるくんの　ことを　どう　おもったと　おもいますか。　14てん

（　　　　）

ふりかえり　5が　わからない　ときは、99ページの　3分でワンポイント　に　もどって　かくにんしよう。

ぴったり3 たしかめのテスト

ひろがることば　これまで　これから

じかん 20 ぷん
／100
ごうかく 80 てん

がくしゅうび　月　日
きょうかしょ　下140ページ
こたえ　26ページ

1 えに　あう　ことばを　[　]から　えらんで　かきましょう。　一つ20てん（60てん）

（　　　）（　　　）（　　　）

くじら　キャベツ　ポンプ車　えんぴつ
けしゴム　山　さつまいも　オムライス

2 つぎの　いいかたを　して　いる　ことばを　あ〜うから　えらんで　かきましょう。　一つ20てん（40てん）

① たずねる　ときの　いいかた。（　　）

② おもって　いる　ことを　つたえる　ときの　いいかた。（　　）

あ つぎは　ともだちに　見せたいと　おもいます。
い わたしは　先生に　おはなしを　ききました。
う すきな　ことは　なんですか。

② わたし□、やま□いく。

3 かぞくの　よびかたに　なるように、□に　ただしい　じを　かきましょう。　ひとつ2てん(6てん)

① おか□さん

② おね□さん

③ いも□と

(切り取り線)

5 つぎの　ばめんで　つかう　あいさつを、Ⓐ〜Ⓞから　えらんで（　）に　きごうを　かきましょう。　ひとつ5てん(15てん)

①（　）あさ、せんせいに　あった　とき。

②（　）ごはんを　たべる　とき。

③（　）がっこうから　いえに　かえる　とき。

- Ⓐ いただきます。
- Ⓘ さようなら。
- Ⓤ しつれいします。
- Ⓔ おはよう。
- Ⓞ おはようございます。

◀うらにも　もんだいが　あります。

6 思考・判断・表現

しを　よんで、こたえましょう。

あくしゅ

あくしゅは
てと　ての　でんわ
ことばが　つたわる
こころが　つながる

あくしゅは
てと　ての　でんわ
きれたあとまで
あたたかい

武鹿《ぶしか》 悦子《えつこ》「たけのこ　ぐん!」より

(切り取り線)

(1) あくしゅは　なにのように　みえますか。□に　あう　ことばを　かきましょう。　かんとう8てん

□と□の　でんわ。

(2) あくしゅを　した　あいてとは　なにが　つながりますか。　8てん

(　　　　)

(3) あくしゅを　した　あと、どんな　きもちに　なりますか。一《ひと》つに　○を　つけましょう。　8てん

Ⓐ(　)うれしい　きもち。
Ⓘ(　)はずかしい　きもち。
Ⓤ(　)かなしい　きもち。

7 思考・判断・表現

しを　よんで、こたえましょう。

ゆうひ

ビル《びる》の　おくじょうに
おいてきぼりのクレーン《くれえん》　２だい
くびを　のばして
ゆうひを　みてる

かぜの　さばくに
すみついたキリン《きりん》が　２とう
くびを　のばして
ゆうひを　みてる

武鹿　悦子「たけのこ　ぐん！」より

（切り取り線）

(1) クレーンは　なにに　にて　いますか。　8てん

（　　　　）

(2) クレーンは　なにを　みて　いますか。一つに　○を　つけましょう。　8てん

あ（　）ビル
い（　）ゆうひ
う（　）さばく

(3) 「ゆうひ」の　ふうけいは、どんな　かんじの　する　ふうけいですか。　10てん

(切り取り線)

なつの チャレンジテスト《ちゃれんじてすと》

きょうかしょ 上1～93ページ

なまえ

がつ　にち

じかん 40ぷん

思考・判断・表現　／50

ごうかく80てん　／100

こたえ27ページ

1 えに あう ことばを かきましょう。

ひとつ3てん(6てん)

①

②

2 □に あう「は・を・へ」を かきましょう。

ひとつ2てん(8てん)

① ぼく□、もも□たべた。

4 つぎの えを みて（　）に いれる ことばを かきましょう。

ひとつ5てん(15てん)

①

②

①（　　）が ちょうを おいかける。

②（　　）が きの したで（　　）。

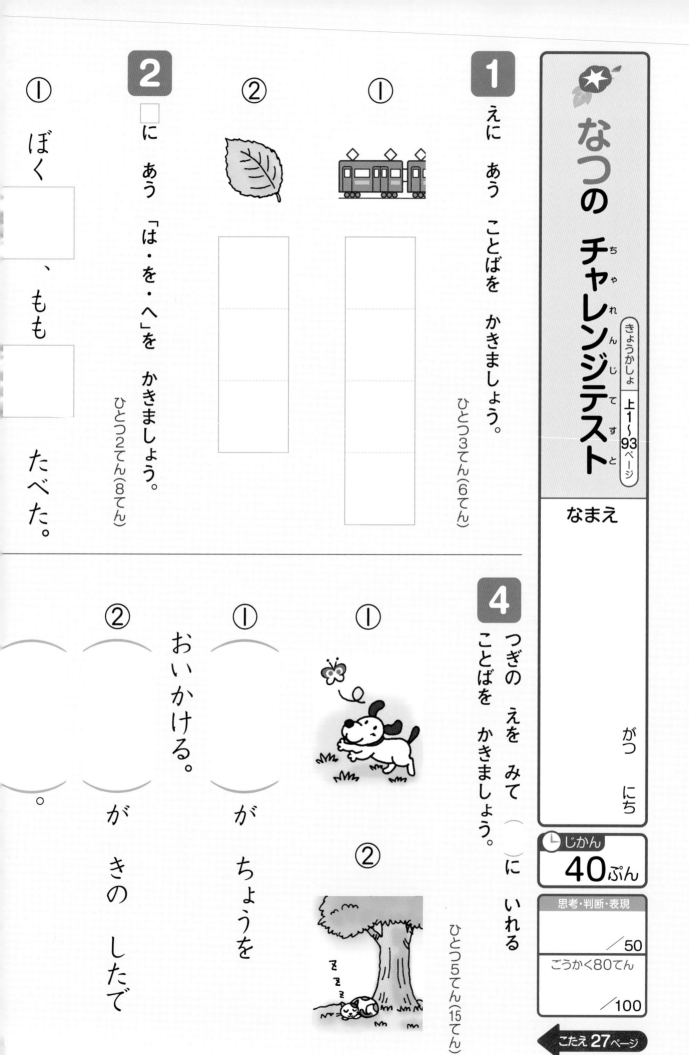

ふゆの チャレンジテスト

きょうかしょ 上94～下85ページ

名まえ　　月　日

じかん 40ぷん

思考・判断・表現 ／50

ごうかく80てん ／100

こたえ 28ページ

1 （　）に よみがなを かきましょう。　一つ2てん(10てん)

① 二月の 二十日は、金よう日だ。

② 木を きる 音が する。

2 □に かん字を かきましょう。　一つ2てん(10てん)

4 つぎの えの 中から かたかなで かく ことばを 三つ 見つけて かきましょう。　一つ3てん(9てん)

5 つぎの メモを よんで、あとの 文の ①～③に はいる ことばを かきましょう。　一つ5てん(15てん)

メモ

（切り取り線）

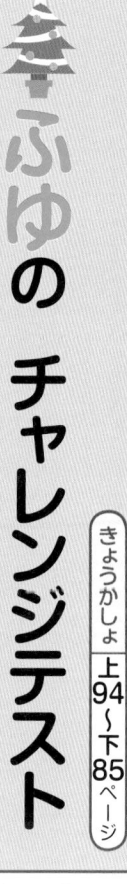

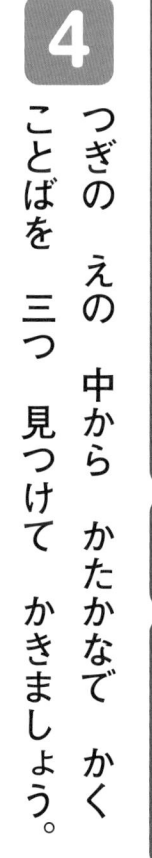

その　しごとと　いうのは、ならべて
ほした　かさの　見《み》はりばんでした。
いままでの　しごとに　くらべたら、
なんとも　らくな　ものです。
おけやさんは、いい　気《き》もちで、
うつら　うつらと　して　いました。
すると、そこへ、いきなり
つむじかぜが　ふいて　きて、かさが
ふわっと　まい上《あ》がりました。
「こりゃ、まて、かさ　まて。」
おけやさんは、とんで　いく　かさを、
あわてて　二、三本《さんぼん》　つかまえましたが、
その　とたん、かさと　いっしょに
空へ　ふき上げられました。

みずたに　しょうぞう「天に　のぼった　おけやさん」より

（切り取り線）

あ（　）いままでの　しごとよりも
ずっと　らくだ。
い（　）いままでの　しごとよりも
ずっと　たいへんだ。
う（　）いままでの　しごとと
おなじくらい　らくだ。

(4)「空へ　ふき上げられました。」と
ありますが、おけやさんは　この　とき、
どんな　気もちに　なったと
おもいますか。

20てん

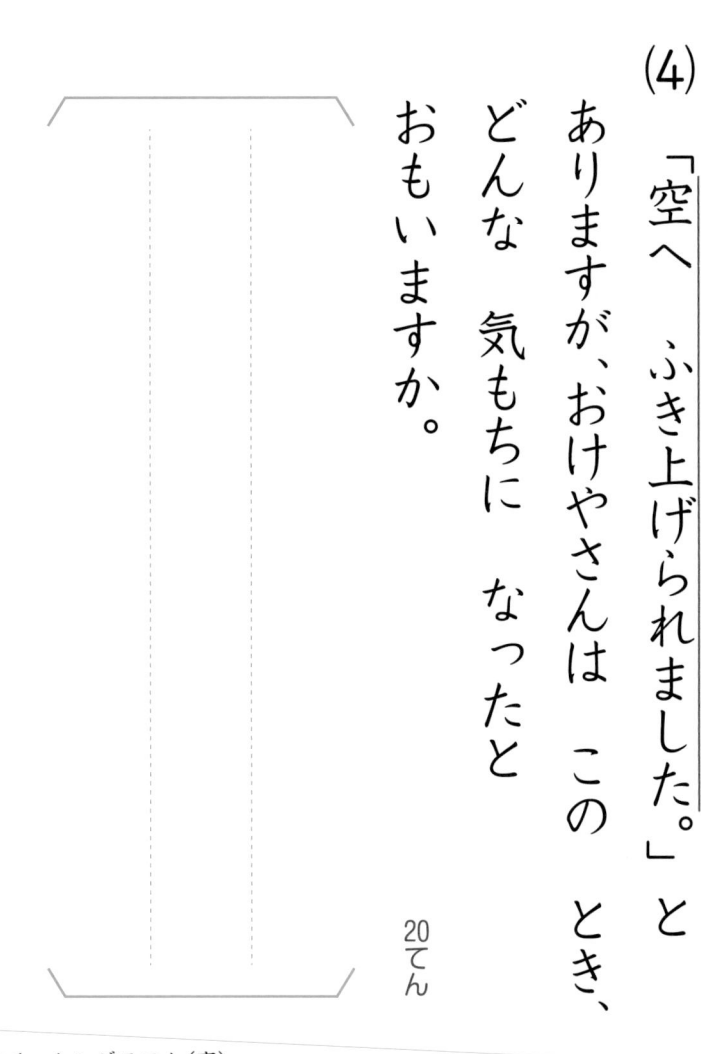

6 思考・判断・表現 文しょうを　よんで、　こたえましょう。

ある　日《ひ》の　こと、おけやさんは、大《おお》きな　大きな　ふろおけの　たがを　しめて　いました。ところが、なんの　はずみか、その　ふとい　たがが　ビーンと　はじけたから　たまりません。おけやさんは、空《そら》　たかく　はじきとばされて　しまいました。

あれよ　あれよと　いって　いる　まに、おっこちた　ところが、かさやさんの　みせの　まえ。

かさやさんが、とび出《だ》して　きて　いいました。

「こりゃあ、天《てん》からの　さずかりもんだ。さっそく、わしんところの　しごとを　して　もらおうかい。」

(1)　「空　たかく　はじきとばされて」と　ありますが、おけやさんが　空　たかく　はじきとばされたのは　なぜですか。　かんとう10てん

おけやさんが　しめて　いた　ふろおけの　[　　]が　はじけたから。

(2)　「天からの　さずかりもん」とは、だれの　ことですか。　10てん

[　　]

(3)　「かさの　見はりばん」の　しごとを、おけやさんは　どう　おもいましたか。

（　　　　）

一つこ

① □《あお》い　□《そら》と　□《みず》。

② □□《せんせい》と　□《め》が　あう。

3 れいに　ならって、えの　かずを　かん字を　つかって　かきましょう。　一つ3てん(6てん)

れい 　（二まい）

① 　（　　）

② 　（　　）

・じどう車の　なまえ…トラック

・やくわり…たくさんの　ものを　はこぶ。

・つくり…おもさに　つよい。

（①）は、（②）を　はこぶ　のりものです。ですから、（③）に　つよい　つくりに　なって　います。

①（　　）

②（　　）

③（　　）

うらにも　もんだいが　あります。

（切り取り線）

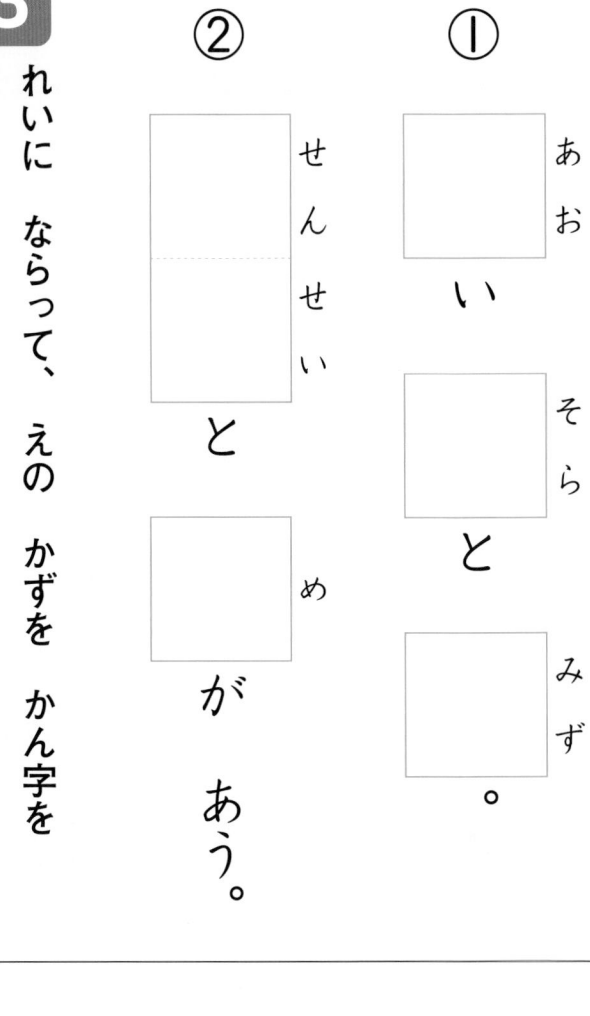

はるの チャレンジテスト

きょうかしょ 下86～140ページ

名まえ

月　日

じかん 40ぷん

思考・判断・表現 ／50

ごうかく80てん ／100

こたえ 29ページ

1 （　）に よみがなを かきましょう。　一つ1てん(4てん)

① 森（　）で 石（　）を ひろう。

② 二人（　）で 町（　）に いく。

2 □に かん字を かきましょう。　一つ2てん(10てん)

① 白い □《いぬ》 と あそぶ。

4 つぎの えに あう 文を つくりましょう。　一つ6てん(12てん)

①

②

① 男の子が プールで （　　　　） います。

② 女の子が うれしそうに （　　　　）。

(切り取り線)

ゆうびんやさんに　なったのだろう）
ぞうさんが、のんびり
かんがえはじめた　ときでした。
「赤い　おうちは、
ゆうびんやさんでしょ。」
うさぎさんに　そう　いわれて、
ぞうさんは、（そうか、それは
すてきだな。）と　おもいました。
うさぎさんが　かえってから、
ぞうさんは、はがきを　つくえの　上に
ならべました。
「ほほう、かばさんと　しまうまさんと
ふくろうさんと　ぞうさんにだな。
……おや、ぞうさんと　いうのは、
もしかしたら　わたしの　ことだぞ。」
ぞうさんは、うれしく　なりました。

かわきた　りょうじ「のんびり森の　ぞうさん」より

（切り取り線）

わたした。

(4)　うさぎさんが　かえってから
ぞうさんは　なにを　しましたか。
一つに　○を　つけましょう。　8てん

㋐（　）はがきを　はいたつした。
㋑（　）はがきを　つくえの　上に
ならべた。
㋒（　）はがきを　うさぎさんに
かえした。

(5)　ぞうさんが　うれしく　なったのは
なぜですか。　10てん

6 思考・判断・表現

文しょうを　よんで、こたえましょう。

ある　日《ひ》、ぞうさんの　ところに、見《み》た　ことの　ない　うさぎさんが、やって　きました。

「はじめまして、こんにちは。きょう、この　森に　ひっこして　きました。よろしく。」

うさぎさんは、いそがしそうに　ぴょん　ぴょん　はねて、はがきを　四《よん》まい　わたしたのです。

「ゆうびんやさん、これを、いそいで　森の　みんなに　はいたつして　ください。」

（おや、いつから　わたしは、

(切り取り線)

(1)　うさぎさんは　いつ　森に　ひっこして　きましたか。　8てん

(2)　うさぎさんが　ぞうさんの　ところに　きたのは、なぜですか。一つに　○を　つけましょう。　8てん

㋐（　）ぞうさんしか　しりあいが　いないから。

㋑（　）ぞうさんと　ともだちに　なりたいから。

㋒（　）ゆうびんやさんだと　おもったから。

(3)　うさぎさんは、ぞうさんに　なにを　わたしましたか。　一つ8てん(16てん)

② □《かい》がらが　□《た》りない。

③ □《くさ》むらに　□《はい》る。

3

（　）に　――の　ぶぶんの　かん字の　よみがなを　かきましょう。　一つ1てん(4てん)

① 小学校（　　）

② 中学生（　　）

③ 玉（　　）入れ

④ しゃぼん玉（　　）

5

つぎの　文しょうは、だれかに　はなしを　きく　ときの　大じな　ことを　まとめて　います。（　）に　はいる　ことばを　あ～かから　えらんで、きごうを　かきましょう。　一つ5てん(20てん)

（①　　）ことを　きめて　おき、先生や　年上の　人には、（②　　）ことばで　はなす。よく　わからない　ときは、（③　　）はなして　もらい、もっと　ききたい　ときは、（④　　）を　する。

あ　しつもん	い　やさしい
う　ていねいな	え　ききたい
お　もういちど	か　すばやく

うらにも　もんだいが　あります。

（切り取り線）

（切り取り線）

1年 こくごのまとめ
学力しんだんテスト

名まえ

月　日

じかん 40ぷん

ごうかく70てん　／100

こたえ 30ページ

1 （　）に　よみがなを　かきましょう。　一つ3てん(12てん)

① （　）九ひきの　こねこが　（　）生まれた。

② （　）虫の　こえに　（　）耳を　すます。

2 □に　かん字を　かきましょう。　一つ4てん(8てん)

① ひゃく□

4 つぎの　文しょうは、なおきさんが　かいた　にっきです。よく　よんで、あとの　もんだいに　こたえましょう。　15てん

あさから、ぼくわ、じぶんの　へやの　□を　しました。　ゆかを　ほおきで　はいた　あと、ぞうきんで、ぴかぴかに　ふきました。　きれいに　なって、うれしかったです。

① かなづかいが　まちがって　いる　字に　×を　つけ、□に　正しい

ふみつけられた　かたい　じめんの
ところが　すきで、やわらかい
土は　きらいなのでしょうか。
ほかの　草が　はえて　いない、
やわらかい　土の　ところでは、
おおばこも　大きく　そだちます。
ところが、こういう　ところには、
せの　高く　なる　草も　はえて
くるので、せの　ひくい　おおばこには、
太陽《たいよう》の　ひかりが　あたらなくなり、
かれて　しまうのです。
おおばこは、せの　高く　なる　草が
そだたない　ところにしか
みられないのです。

真船《まふね》　和夫《かずお》「おおばことなかよし」より

いますか。三つに　○を
つけましょう。　一つ5てん(15てん)

あ(　)こうえん
い(　)高い　山
う(　)ちゅうしゃじょう
え(　)はたけ
お(　)うんどうじょう

(4)　おおばこが　かたい　じめんの
ところで　よく　みられるのは、
なぜですか。　15てん

(切り取り線)

5 思考・判断・表現

文しょうを　よんで、こたえましょう。

おおばこの　くきは　みじかく、土の　なかに　あります。根《ね》は　なん本も　しっかり　のびて　います。

それで、ひとや　車に　ふまれても、くきは、おれたり　ちぎれたり　しません。

うんどうじょうや　ちゅうしゃじょうにも　おおばこが　はえて　います。

日本《にほん》アルプスのような　高《たか》い　山の　山小屋《や》の　まわりにも、おおばこが　みられます。

そして[illegible]、[illegible]　車に[illegible]

(切り取り線)

(1) おおばこが、ふまれても　おれたり　ちぎれたり　しないのは　なぜですか。　一つ5てん(10てん)

くきが[　　　　]、[　　]の　なかに　あるから。

(2) おおばこは　どんな　草ですか。二つに　○を　つけましょう。　一つ5てん(10てん)

あ(　)やわらかい　土が　きらい。

い(　)根は　なん本も　ある。

う(　)根ごと　かんたんに　ぬける。

え(　)せが　ひくい。

(3) [illegible]

② □《たけ》ひごに　糸を　むすぶ。

3 かたかなで　かく　ことばの　よこに　――を　ひき、（　）に　かたかなで　かきましょう。　一つ5てん(15てん)

① きゃべつを　やおやで　かう。
（　　　）

② れいぞうこに　ぷりんが　ある。
（　　　）

③ こっぷを　たなから　出す。
（　　　）

あります。

じゅんに　□　□　一つ5てん(10てん)

② □に　あう　ことばを　かんがえて　三字で　こたえましょう。　2てん

□□□

③ なおきさんが、じぶんの　気もちを　あらわした　ことばを、六字で　ぬき出しましょう。　3てん

□□□□□□

うらにも　もんだいが　あります。

（切り取り線）

教科書ぴったりトレーニング

まるつけラクラクかいとう

教育出版版
こくご１年

この「まるつけラクラクかいとう」はとりはずしてお使いください。

「まるつけラクラクかいとう」では問題と同じ紙面に、赤字で答えを書いています。

おうちのかたへ では、次のようなものを示しています。

- 学習のねらいやポイント
- 他の学年や他の単元の学習内容とのつながり
- まちがいやすいことやつまずきやすいところ

お子様への説明や、学習内容の把握などにご活用ください。

見やすい答え

おうちのかたへ

くわしいてびき

たしかめのテスト① 70~71ページ

じどう車くらべ ～ どんな　おはなしが　できるかな

文しょうを　よんで、こたえましょう。 思考・判断・表現

トラックは、にもつを　はこぶ　しごとを　して　います。
その　ために、うんてんせきの　ほかは、ひろい　にだいに　なって　います。
おもい　にもつを　のせる　トラックには、タイヤが　たくさん　ついて　います。

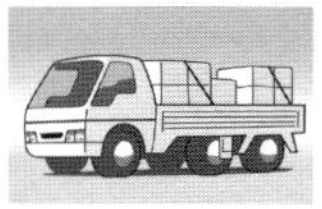

クレーン車は、おもい　ものを　つり上げる　しごとを　して　います。
その　ために、じょうぶな　うでが、のびたり　うごいたり　するように、つくって　あります。
車たいが　かたむかないように、しっかりした　あしが、ついて　います。

「じどう車くらべ」より

❶ トラックは、どんな　しごとを　して　いますか。 15てん
にもつを（はこぶ）しごと。

❷ おもい　にもつを　のせる　トラックには、なにが　たくさん　ついて　いますか。 10てん
タイヤ

❸ クレーン車は、どんな　しごとを　して　いますか。 15てん
おもい　ものを（つり上げる）しごと。

❹ つぎの　ことばは、71ページの　上の　えの　あ～うの　どこを　さして　いますか。 一つ10てん（20てん）
① じょうぶな　うで（あ）
② しっかりした　あし（う）

❺ クレーン車に　しっかりした　あしが　ついて　いるのは、なぜですか。 20てん
（車たい）が（かたむかないように）するため。

❻ はしご車は、たかい　ところで　おきた　かじを　けす　しごとを　して　います。□の　ことばを　つかって　かきましょう。「はしご車に　ついて　かかれた　文に　つづくように、はしご車の　つくりを」 20てん
れい　そのために、ながい　はしごをおりたたんで　のせています。

ながい　おりたたんで　そのために　はしご

❶❸「しごとを　する」という点に着目して自動車を人間に見立てて、その働く内容をたずねています。

❷「おもい　にもつを　のせる　トラックには」と限定していることに注意します。

❹自動車を人間に見立てているので、物をつり上げる部分を「うで」、車体を支えて固定する部分を「あし」と呼んでいるのです。

❺問いと同じ「しっかりした　あしが」「ついて」という言葉を、本文から探します。「…するため。」につながるように書きます。

❻はしご車の仕事について書かれた文に続けることから、「そのために」という言葉で書き始めます。与《あた》えられた言葉を適切に用いて、はしご車のつくりを考えて答えましょう。「そのために」から書き始め、「ながい」「はしご」「おりたたんで」を適切に用いて文が書けていれば正解です。「のせて」をつけ加えて書けていればさらによいです。

たしかめのテスト② 72~73ページ

じどう車くらべ ～ どんな　おはなしが　できるかな

❶ よみがなを　かきましょう。 一つ5てん（15てん）
① はしご　車《しゃ》（しゃ）
② 人《ひと》が　くる。（ひと）
③ まちがいに　気《き》が　つく。（き）

❷ かん字を　かきましょう。 一つ5てん（20てん）
① 人《ひと》に　気《き》を　つける。
② すい　車《しゃ》
③ かおを　上《あ》げる。

❸ ひらがなを　かたかなに　なおして　かきましょう。 一つ5てん（20てん）
① ころっけ　コロッケ
② くれよん　クレヨン
③ じゃんぷ　ジャンプ
④ ばっぐ　バッグ

❹ かたかなが　正しい　ほうに　○を　つけましょう。 一つ5てん（20てん）

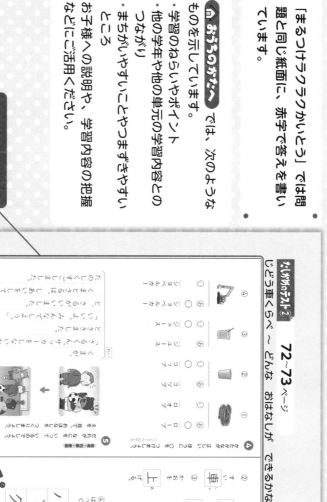

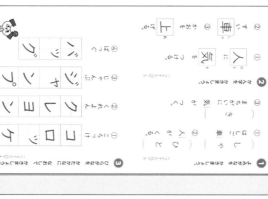

① あ（○）ロープ　い（　）ロオプ
② あ（　）コツプ　い（○）コップ
③ あ（　）ジユース　い（○）ジュース
④ あ（○）ショベルカー　い（　）シヨベルカー

❺ 思考・判断・表現 だれが　なにを　いって　いるのでしょう。えを　見て、おはなしを　つくりましょう。 25てん

れい
くまが、「さるくん、サッカーをしないか。」とききました。「いいよ。みんなでしよう。」と、さるがいいました。くまとさるは、しあいをして、たのしくすごしました。

❷③「上」には「うえ」の他に「あ（げる）」という読み方もあります。前後の言葉を読んで答えるようにしましょう。

❸❹のばす音「ー」や、小さい「ッ」「ャ」「ュ」「ョ」に気をつけましょう。

❺二つの絵を見てお話を作ります。問いに「だれが　なにを　いって　いるので　しょう」とあるので、かぎ（「　」）を使った文を書きます。一つ目の絵で、サッカーボールを持ったくまがさるに声をかけ、二つ目の絵で、くまとさるは他の動物たちとサッカーを楽しむ様子が描《えが》かれています。それに合った内容が書けていれば正解です。正しい文章を書けているか、かぎ（「　」）を正しく書けているかという点も注意しましょう。

おうちのかたへ
絵に合ったお話を作ることができたら、読んで、よかったところなど、感想を伝えてあげましょう。ここでは書ける量が限られていますが、さらにお話の続きを考えて、絵や文章を書いていくのもよい練習となるでしょう。

18

※紙面はイメージです。

じゅんび　6～7ページ

なかよしの　みち／あかるい　あいさつ

なかよしの　みち

1 えを　みて　みんなは　どんな　あそびを　して　いますか。こえに　だして　いいましょう。

れい　なわとびを　して　いるね。

あかるい　あいさつ

2 えを　みて　ふきだしの　あいさつを　こえに　だして　いいましょう。

しょうりゃく

あかるい　あいさつ

3 えを　みて　いちにちの　よていの　じゅんばんに　すうじを　かきましょう。

あかるい　あいさつ

4 つぎの　ばめんで　つかう　あいさつを　あ～えから　えらんで　かきましょう。

① おれいを　いう　とき。（う）

② あやまる　とき。（え）

③ ごはんを　たべおわった　とき。（い）

あ こんにちは。
い ごちそうさまでした。
う ありがとう。
え ごめんなさい。

---

1 絵にあった答えになっているか、確認《かくにん》しましょう。

れい2　ぶらんこに　のって　いるよ。

れい3　すべりだいを　すべって　いるよ。

2 絵を見て、明るい元気な声で言ってみましょう。

お子さまがとまどっているようでしたら、「これは、先生にむかって、言っているね。朝、先生に会ったら、何を言うかな。」などと、声をかけてみるとよいでしょう。

3 絵を見て、何をしている場面かを考え、登校から下校までの順番にならべましょう。

まず、校門にむかっていることに着目するとよいでしょう。次に、時計に着目したり、教室に入ってくる様子に着目したりします。最後に、違《ちが》う方向に向かって、歩こうとしていること、手をふっていることに着目するとよいでしょう。

4 場面にあう正しいあいさつを身につけましょう。

じゅんび　8～9ページ

わたしの　なまえ／おはなし　たくさん　ききたいな／こえの　おおきさ　ど……

わたしの　なまえ

1 めぐみさんが　じぶんに　ついて　はなします。こえに　だして　いいましょう。

しょうりゃく

おはなし　たくさん　ききたいな

2 いままでに　きいたり　よんだり　した　ことの　ある　おはなしに　ついて、こたえましょう。

・どんな　おはなしが　すきですか。おはなしの　なまえを　いいましょう。

れい　あかずきん

・その　おはなしの　どんな　ところが　おもしろかったですか。いいましょう。

れい　あかずきんと　おばあさんが　たすかる　ところ。

こえの　おおきさ　どれくらい

3 がっこうの　なかでの　こえの　おおきさは　どれくらいですか。ばめんに　あわせて　いいましょう。

しょうりゃく

こえの　おおきさ　どれくらい

4 みんなに　はなす　つもりで　じぶんに　ついて　かきましょう。

①「わたし／ぼくの　なまえ」
わたし／ぼくの　なまえは、（れい　たなか　たろう）です。

②「わたし／ぼくの　すきな　こと」
わたし／ぼくの　すきな　ことは、（れい　やきゅう）です。

③「がっこうで　がんばりたい　こと」
わたし／ぼくは　がっこうで（れい　べんきょう）を　がんばりたいです。

---

1 自分の名前をあてはめて練習してみましょう。また、自分の名前を書いてみましょう。

2 登場人物や場面の様子について、おもしろかったところに着目します。また、今までに読んだ好きな本や、これから読んでみたい本を図書館で探し、たくさんの本に親しみましょう。

3 絵を見て、話しかける相手との距離《きょり》や、どんな場面なのかを考えましょう。そして、それぞれの場面にあう正しい声の大きさを身につけましょう。

4 自分の名前、好きなこと、挑戦《ちょうせん》してみたいことなど、自分のことについて言って、積極的に自己紹介《しょうかい》をしてみましょう。

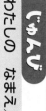

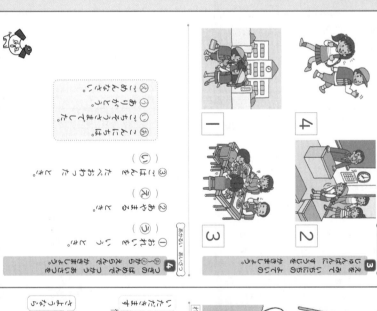

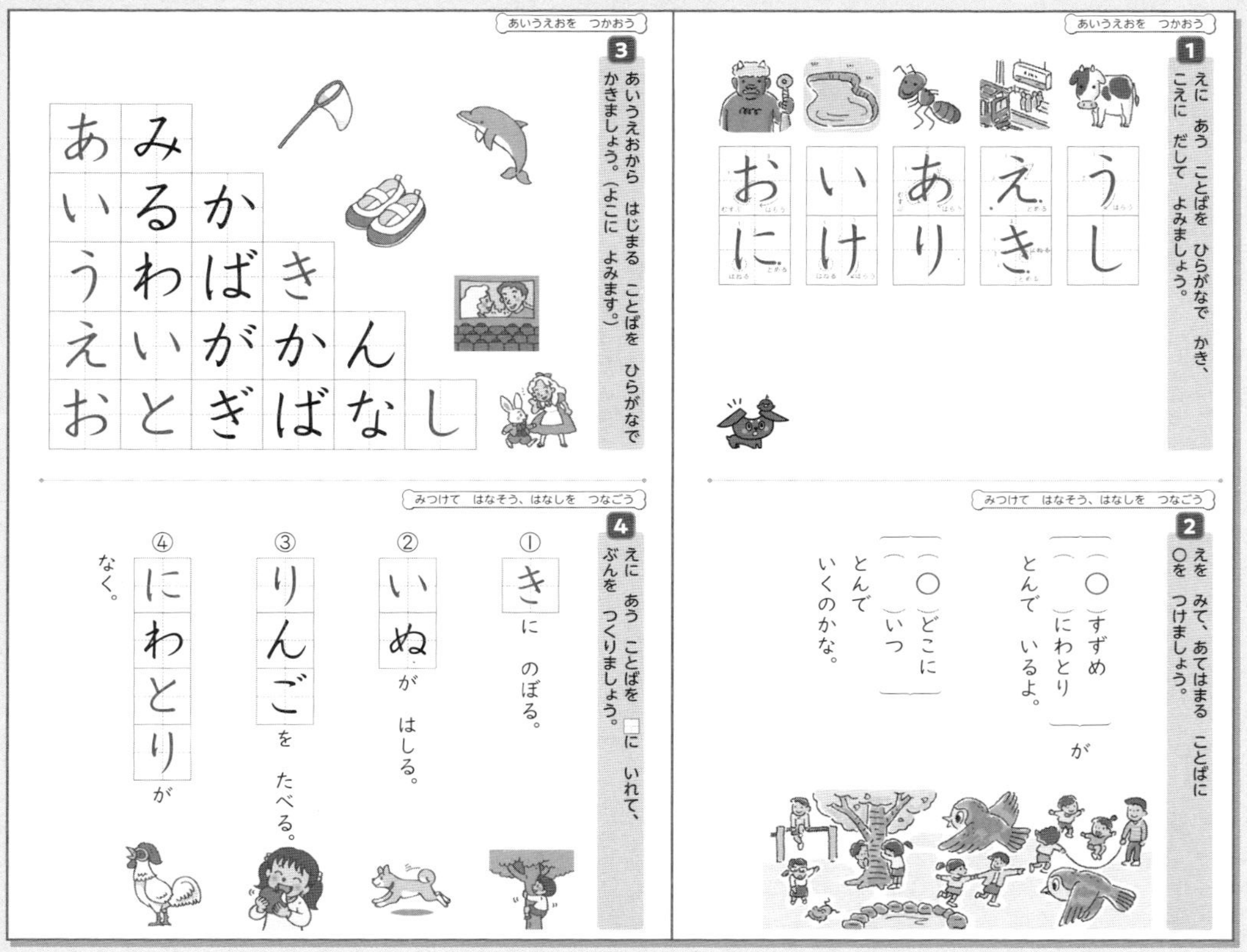

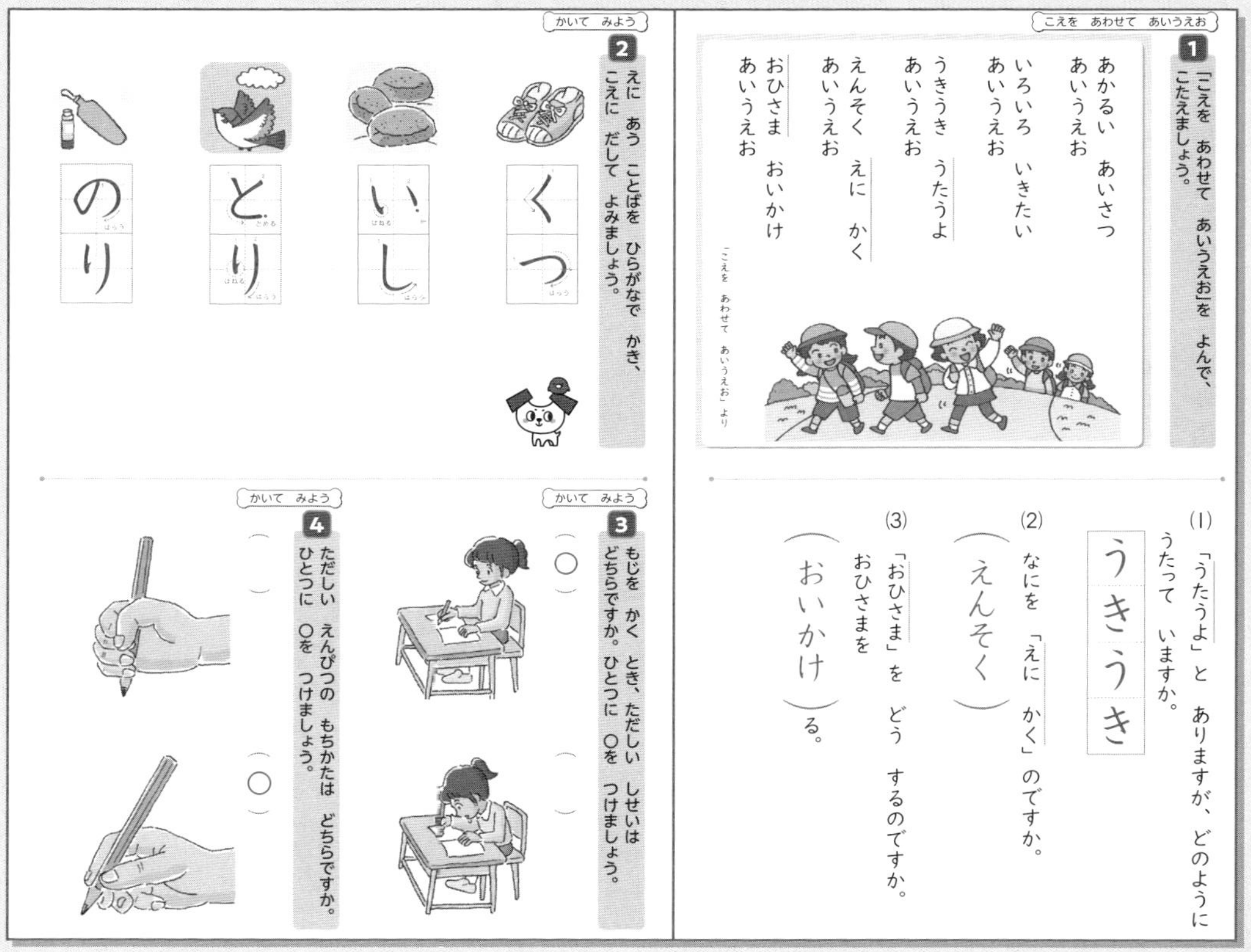

1 姿勢や口の形、声の大きさや速さに気をつけて読みます。リズムの心地《ここち》よさを感じながら、音読に慣れましょう。

(1)「うたうよ」の上に、どのように「うたう」のかが書かれています。

(2)「えに かく」の上に、何を絵にかくのかが書かれています。確認《かくにん》しながら読みましょう。

(3)「どう する」と聞かれたときは、動作を表す言葉を探しましょう。

動作を表す言葉は、「いきたい」「うたうよ」「かく」「おいかけ」がありますが、「おひさま」と関係するのは、「おいかけ」です。

2 最初は、一画や二画で書くことができる画数の少ないひらがなを書けるようにしましょう。「い」と「り」は形が似ているので気をつけて書きます。

3 **4** 絵を参考にして、姿勢は目を近づけすぎないようにして、鉛筆《えんぴつ》は指の位置を確かめて、余計な力が入らないように持ちましょう。

1 絵を見て、ひらがなを書きます。筆順を正しく覚え、丁寧《ていねい》にゆっくり書きましょう。また、何音節の言葉になるかを意識して、声に出して読んでみましょう。

2 このような絵を見て、場面にあう言葉を見つける問題では、普段《ふだん》から次のようなことを行ってみることも効果的です。話題を見つけて発言したり、相手の話したことに簡単な質問をしたり、それに答えたりします。そうして、対話への関心を高めていきましょう。

3 絵も参考にして、「あいうえお」から始まる言葉を見つけ、正しい筆順で丁寧に書きます。

4 絵を見て、ひらがなを書き、文を作ります。「はらう」「はねる」「とめる」「むすぶ」など、書き方に気をつけて丁寧に書きましょう。

じゅんび　14~15ページ

かきと　かぎ／ことばを　あつめよう

かきと　かぎ
1 えに　あう　ことばを　ひらがなで　かき、こえに　だして　よみましょう。
かぎ　さる　ざる　だい
「゛」を　とると　どんな　ことばに　なるかな。
2 えに　あう　ことばを　ひらがなで　かき、こえに　だして　よみましょう。
ふかふか　ぶかぶか　ぷかぷか　やぎが　くさを　たべて　いる。
ことばを　あつめよう
3 えに　あう　ことばを　ひらがなで　かき、こえに　だして　よみましょう。
いぬ　そら　みち　はな　まど
4 えを　みて　あう　ことばを　□に　かきましょう。
ほん　つくえ　いす

じゅんび　16~17ページ

くまさんと　ありさんの　ごあいさつ／ねこと　ねっこ

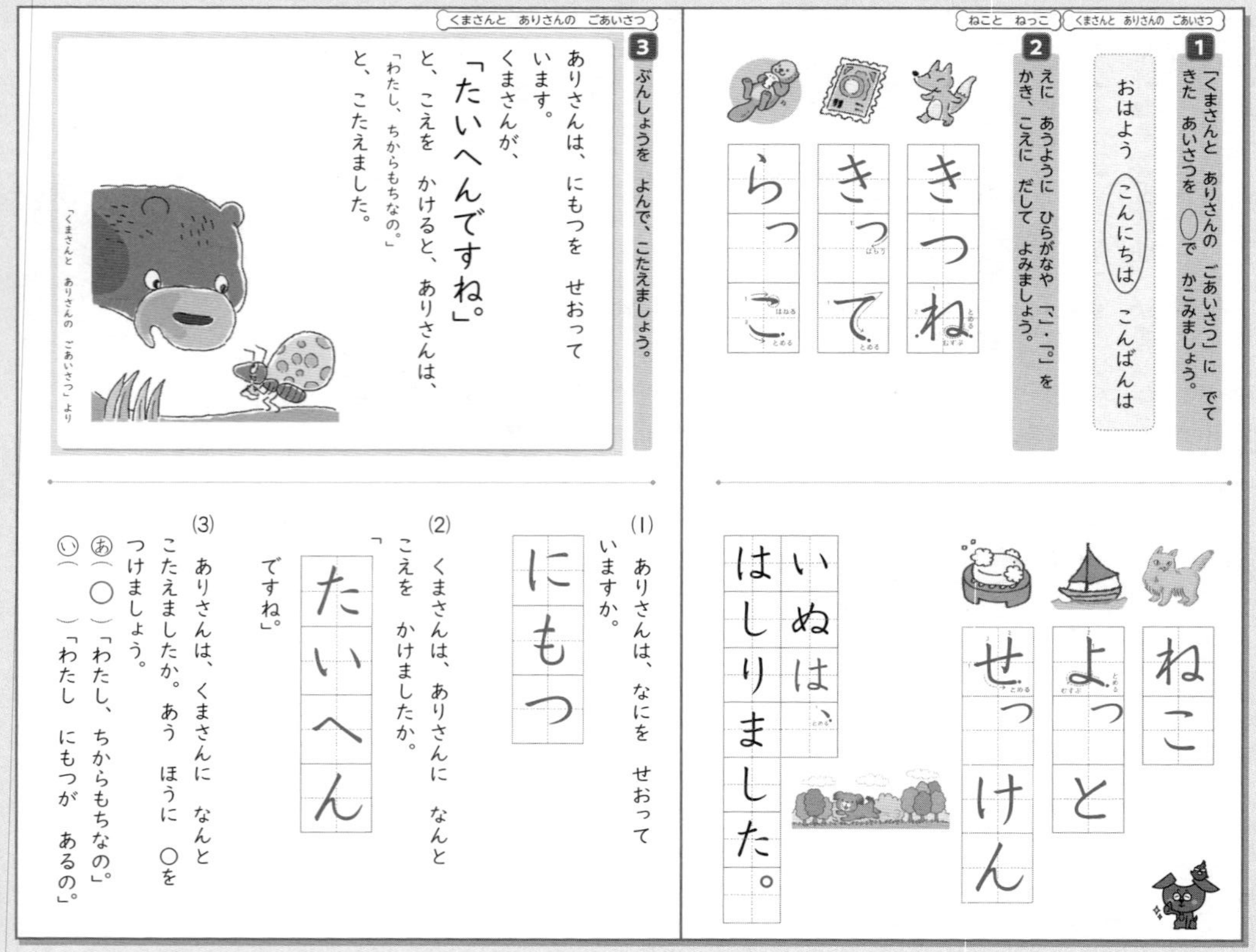
くまさんと　ありさんの　ごあいさつ
1 「くまさんと　ありさんの　ごあいさつ」に　でて　きた　あいさつを　○で　かこみましょう。
おはよう　こんにちは　こんばんは
ねこと　ねっこ
2 えに　あうように　ひらがなや「っ」・「。」を　かき、こえに　だして　よみましょう。
きつね　きって　らっこ　ねこ　よっと　せっけん　いぬは　はしりました。
くまさんと　ありさんの　ごあいさつ
3 ぶんしょうを　よんで、こたえましょう。
ありさんは、にもつを　せおって　います。くまさんが、「たいへんですね。」と、こえを　かけると、ありさんは、「わたし、ちからもちなの。」と、こたえました。

「くまさんと　ありさんの　ごあいさつ」より
(1) ありさんは、なにを　せおって　いますか。　にもつ
(2) くまさんは、ありさんに　なんと　こえを　かけましたか。　「たいへん　ですね。」
(3) ありさんは、くまさんに　なんと　こたえましたか。あう　ほうに　○を　つけましょう。
あ（○）「わたし、ちからもちなの。」
い（　）「わたし　にもつが　あるの。」

1 清音と濁音《だくおん》の違《ちが》いを理解しましょう。清音と「てんてん」がつく濁音で意味の変わる言葉です。清音の場合は何であるか、濁音の場合は何であるかを確認《かくにん》しましょう。

2 清音と濁音と半濁音の違いを理解しましょう。半濁音の「まる」は、時計回りに書きます。絵を見ながら、空らんにひらがなを書き、擬態《ぎたい》語のイメージをつかみましょう。

3 絵を見て、絵に合う言葉を書きます。書き順に気をつけながら、丁寧《ていねい》に書きましょう。

4 絵を見て、場面に関係がある言葉を探して書きます。「え」の形に気をつけて書きましょう。

1 登場人物のくまさんとありさんの会話に注目して、読みましょう。くまさんとありさんは、道であったときにどんなあいさつをしていましたか。

2 促音《そくおん》の「っ」は、マスの右上に書きます。大きさが「つ」と区別できるように書きましょう。「ねこ」と「ねっこ」のように、促音が入ることで、別の言葉になることがあることに着目したり、ほかにはどんな言葉があるか考えてみたりしてもよいでしょう。

3 ありさんの様子と、ありさんとくまさんの会話が中心の場面です。ありさんの様子と、ありさんとくまさんの会話の内容を正しく読み取りましょう。会話文には「　」がつくこともおさえておきます。
(1)「ありさんは、にもつを　せおっています。」とあります。
(2)(3)「こえを　かけると」は、くまさんの動作で、「こたえました。」はありさんの動作であることに着目します。

ほんを　よもう／ことばを　つなごう

1 ほんに　ついて、こえに　だして　こたえましょう。

・どんな　ほんが　すきですか。ほんの　なまえを　いいましょう。

れい　ももたろう

・その　ほんの　どんな　ところが　すきですか。いいましょう。

れい　ももたろうが　おにたいじに　いく　ところ。

・これから　どんな　ほんを　よんで　みたいですか。ほんの　なまえを　いいましょう。

れい　つるの　おんがえし

2 えに　あう　ことばを　ひらがなで　かき、こえに　だして　よみましょう。

ほんをよむ。

めをとじる。

3 えを　みて、あてはまる　ことばを　いれて　ぶんを　つくりましょう。

きいろ　の　くつ。

ぼうし　を　かぶる。

はちがとぶ。

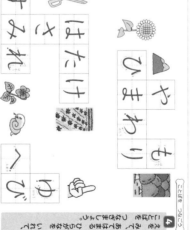

4 えを　みて、あてはまる　ひらがなを　いれて、ことばを　つなぎましょう。

もり　やま　ひまわり　ゆび　へび　はたけ　はさみ　すみれ

たのしく　よもう　1／ごじゅうおん

1 ごじゅうおんの　①・②・③に　あてはまる　ひらがなを　かきましょう。

か①くけこ
さしす②そ
たち③てと

① き　② せ　③ つ

2 えに　あう　じを　◯で　かこみましょう。

あ　(か)　さ　た　な

3 えに　あう　ことばを　ひらがなで　かき、こえに　だして　よみましょう。

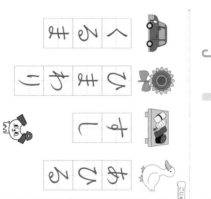

あひる　すし　ひまわり　くるま

4 「あいうえおの　うた」を　よんで、こたえましょう。

あいうえおの　うた　　まど・みちお

あかいえ　あおいえ　あいうえお
かきのき　かくから　かきくけこ
ささのは　ささやく　さしすせそ
たたみを　たたいて　たちつてと
ないもの　なになの　なにぬねの
はるのひ　はなふる　はひふへほ
まめのみ　まめのみ　まみむめも
やみよの　やまゆり　やいゆえよ
らんらん　らくちん　らりるれろ
わいわい　わまわし　わいうえを

(1) いちばん　うえの　じを　「あ」から　「わ」まで　よこに　よんで　かきましょう。

あかさたな　はまやらわ

(2) なにが　「ささやく」のですか。

ささ　の　は。

(3) 「はな　ふる」と　ありますが、はながふるのは　どんな　ひですか。

はる　の　ひ。

---

1 なかなか思いつかない場合は、家にある絵本を取り出してきて、「このお話好きだったよね。」などと語りかけ、糸口を示してあげるとよいでしょう。

図書館へ行き、これから読んでみたい本を探すのもよいでしょう。また、読んだ本について、おもしろかったページを読んだり、内容を話したりして、読書に親しみましょう。

2 「を」を「お」と書き間違《ちが》えないように注意します。「を」は「オ」と読むことをおさえましょう。

また、文の中では必ずほかの言葉に付いて使うことを意識し、正しく使えるようにしましょう。

3 **4** 絵を見て、意味による言葉のまとまりを考えて、つながる言葉を書きましょう。

1 五十音を読んだり、書いたりできるようにしましょう。はじめは、五十音を言いながら書くとよいでしょう。

2 絵にあった言葉を探す問題です。まずは絵を見て、何の絵なのか考えてから、解いてみましょう。絵を指さしながら、「これは何の絵かな。」と問いかけてみてもよいでしょう。

3 書き順に気をつけて、丁寧《ていねい》になぞりましょう。

「あ」のように比較《ひかく》的画数の多い字や「る」のように、形がとりにくい字もあります。ゆっくり書いたり、見本を見ながら書いたりしてもよいでしょう。

4 「あいうえおの　うた」を読んで、ひらがなのまとまりをおさえましょう。

じゅんび 22~23ページ
けむりの きしゃ／のばす おん／せんせい、あのね

1 えに あう じを ひらがなで かき、こえに だして よみましょう。（のばす おん）

おばあさん

おじいさん

2 せんせいに はなす つもりで、ことばを かき、ぶんを つくりましょう。（せんせい、あのね）

①「わたし／ぼくの きのうの できごと」

わたし／ぼくは、きのう、
（れい なわとびの れんしゅうを しました。）

②「わたし／ぼくの あしたの よてい」

わたし／ぼくは、あした、
（れい ともだちと なわとびを）
する つもりです。

3 ぶんしょうを よんで、こたえましょう。（けむりの きしゃ）

ながれぼしが、おちて きました。
えんとつそうじの
おじいさんが、ひろいました。
おじいさんは、ながれぼしを
えんとつの てっぺんに おきました。
「さあ、そらに かえして あげよう。」
おじいさんは、
まきを もやしはじめました。
えんとつから、
けむりが でて きました。
「おじいさん、ありがとう。」
ながれぼしは、けむりに のって、
そらへ そらへと のぼって いきました。

矢崎節夫「けむりの きしゃ」より

(1) おじいさんは、ながれぼしを どこに おきましたか。
えんとつ の てっぺん。

(2)「えんとつから、けむりが でて」、ながれぼしは どう なりましたか。あう ほうに ○を つけましょう。
あ（○）けむりに のって そらへ かえった。
い（　）けむりに のって えんとつに おちた。

(3) ながれぼしは、おじいさんに なんと いいましたか。
「おじいさん、ありがとう。」

じゅんび 24~25ページ
みんなに はなそう／たのしく よもう 2／よく みて かこう

1 みんなに はなす つもりで、ことばを かき、ぶんを つくりましょう。（みんなに はなそう）

①「わたし／ぼくの すきな たべもの」

わたし／ぼくは、
（れい からあげ）が
すきです。

②「わたし／ぼくの たいせつな もの」

わたし／ぼくの たいせつな ものは、
（れい いろえんぴつ）
です。

2 たろうくんが かいた えと ぶんを みて、こたえましょう。（よく みて かこう）

はながさいたよ
たなか たろう

あさがおのはなが、ふたつさきました。はなのいろは、ぴんくとむらさきです。とてもきれいでした。

① あさがおの はなは なにいろですか。ふたつに ○を つけましょう。
あ（　）あお
い（○）ぴんく
う（○）むらさき

3「がぎぐげごの うた」を よんで、こたえましょう。（たのしく よもう 2）

がぎぐげごの うた
まど・みちお

がぎぐげ　ごぎぐげ　がまがえる
がごがご　げごげご　がぎぐげご
ざじずぜ　ぞろぞろ　ざりがにが
ざりざり　ずるずる　ざじずぜぞ
だぢづで　どどんこ　おおだいこ
だんどこ　でんどこ　だぢづでど
ばびぶべ　ぼうぼう　のびた かみ
ばさばさ　ぼさぼさ　ばびぶべぼ
ぱぴぷぺ　ぽっぽう　はとぽっぽ
ぱっぽろ　ぺっぽろ　ぱぴぷぺぽ

(1)「がまがえる」の なきごえに あう もの すべてに ○を つけましょう。
あ（○）がごがご
い（　）ぞろぞろ
う（○）げごげご
え（　）ざじずぜ

(2)「ざりざり ずるずる」と、あるいて いるのは、なんですか。
（ざりがに）

(3)「ぱっぽろ ぺっぽろ」は、なにの なきごえですか。
はと の なきごえ。

おなじ まとまりを よんで、なんの おとか かんがえよう。

1「ア」「イ」「ウ」の長音は、「あ」「い」「う」を添《そ》えて読みます。「エ」は、「おねえさん」のように「え」を添えて読むものと、「とけい」「せんせい」のように「い」を添えて読むものがあります。「オ」も、「とおい」のように「お」を添えて読むものと、「おとうさん」「おとうと」のように「う」を添えて読むものがあります。自然に慣れることができるように、何度も読んだり書いたりしましょう。

2「きのう」は今日の一日前、「あした」は今日の次の日という意味を意識しながら、文を作りましょう。

3 (2)おじいさんが「そらに かえして あげよう」と言ってまきを燃やしているので、「けむりに のって、そらへ そらへと のぼって」は、空へ帰ったことを表しています。

1 まず、何が好きか、大切にしているものは何かなど、話題を決めます。次に、話す順序を決めて話すと、話したいことがはっきりと伝わります。

2 育てている植物や動物など、身近なものを観察し、気づいたことを絵と文で表してみましょう。また、観察カードに書くことをおさえ、書き方を理解しましょう。
横書きで書くときは、以下のことに気をつけます。
・左から右に書く。
・小さい字や、「、」「。」は、真ん中より下に書く。

3 (1)「がまがえる」の鳴き声は、が行に書かれていることに着目して、読んでみましょう。
(2)「ざりざり ずるずる」の前に、「ざりがにが」とあります。
(3)「はとぽっぽ」とありますが、答えは、マスに合わせて「はと」としましょう。

じゅんび　26～27ページ

すずめの　くらし／しゃ、しゅ、しょ

1 「すずめの　くらし」を　よんで、こたえましょう。

① すずめの　いろを　◯で　かこみましょう。

（ちゃいろ）　あかいろ　しろいろ

② ぶんしょうの　なかに　でて　きた　すずめが　して　いる　こと　ふたつに　○を　つけましょう。

（　）（○）（○）（　）

2 えに　あう　ことばを　ひらがなで　かき、こえに　だして　よみましょう。

でんしゃ　きゅうり　きんぎょ

ちいさく　かく　もじが　ある　ことばを　いって　みよう。

3 ぶんしょうを　よんで、こたえましょう。

すずめが、みずたまりに　います。なにを　して　いるのでしょう。

すずめは、みずあびを　して　いるのです。つばさを　うごかして、からだに　ついた　よごれを　おとして　います。

すずめは、わたしたちの　ちかくで　くらす　とりです。

「すずめの　くらし」より

(1) すずめは　みずたまりで　なにを　して　いますか。

みずあび

(2) (1)の　とき、すずめは、つばさを　うごかして　どう　して　いますか。

からだに　ついた（よごれ）を、（おとして）いる。

(3) すずめは　どこで　くらして　いますか。ひとつに　○を　つけましょう。

あ（　）みずたまりの　ちかく。
い（○）にんげんの　ちかく。
う（　）ほかの　とりが　いる　ちかく。

じゅんび　28～29ページ

たのしく　よもう　3／しらせたい　ことを　かこう／は、を、へ

1 ぶんしょうを　よんで、こたえましょう。

（かみひこうき）　たに　あや

わたしは、きのう、おとうとと、かみひこうきをつくりました。そっととばしたら、いすのうえにのりました。

「しらせたい　ことを　かこう」より

(1) ぶんしょうの　だいめいを　◯で　かこみましょう。

(2) たにさんは、いつの　ことを　かいて　いますか。

きのう　の　こと。

(3) たにさんは、だれと　なにを　した　ことを　しらせて　いますか。

おとうと　と、かみひこうき　を　つくった　こと。

2 ただしい　じに　○を　つけましょう。

① いぬ｛わ・(は)｝いえ｛(へ)・え｝はいった。

② ｛を・(お)｝じさんが　ぼく｛お・(を)｝よんだ。

3 「きゃきゅきょの　うた」を　よんで、こたえましょう。

きゃきゅきょの　うた　　まど・みちお

きゃらきゃら　きょろきょろ　きゃきゅきゃきょ
しゃばしゃば　しょぼしょぼ　しゃしゅしゃしょ
ちゃかちゃか　ちょこちょこ　ちゃちゅちゃちょ
にゃがにゃが　にょごにょご　にゃにゅにゃにょ
ひゃらひゃら　ひょろひょろ　ひゃひゅひゃひょ
みゃあみゃあ　みゅうみゅう　みゃみゅみゃみょ
りゃんりゃか　りょんりょこ　りゃりゅりゃりょ
ぎゃあぎゃあ　ぎゅうぎゅう　ぎゃぎゅぎゃぎょ
じゃきじゃき　じょきじょき　じゃじゅじゃじょ
びゃあびゅう　びょうびゅう　びゃびゅびゃびょ
ぴゃんぴゃか　ぴょんぴょこ　ぴゃぴゅぴゃぴょ

(1) 「きゃきゅきょの　うた」を　こえに　だして　よみましょう。

（しょうりゃく）

(2) えを　みて　ちいさく　かく　もじが　ある　ことばを　かきましょう。

きょろきょろ

(3) 「ぎゅうぎゅう」と　ありますが、どのような　ようすを　あらわしますか。あう　ほうに　○を　つけましょう。

あ（○）すきまが　ないくらい　つめこむ　ようす。
い（　）しずかに　なにも　しない　ようす。

---

1 (1)初めての説明文です。写真と文章を結びつけて、内容を正しく読み取りましょう。問われている「すずめの　いろ」について、文章のどこに書かれているか探すところから始めましょう。

(2)「すずめが　して　いる　こと」を選ぶためには、「じめんを　つついて、くさの　たねを　たべて　います。」と、「あそびを　して　いるのです。」の二つ内容を読み取ることが大切です。

2 発音と表記が一致《いっち》するように、まずは繰《く》り返し音読し、次に表記を覚えるとよいでしょう。「や」「ゆ」「よ」を読んだり書いたりすることで、語彙《ごい》も広がります。

3 (1)二行目の「なにを　して　いるのでしょう」という問いかけのあとに答えが書かれています。

(2)「つばさを　うごかして」という文のあとにくわしく書かれています。

(3)「どこ」という問いかけには、場所を答えることをおさえておきましょう。「わたしたち」は「にんげん」のことです。

1 (1)題名は、はじめに書きます。次に、名前を書きます。このとき、字下げなど、書き方も覚えましょう。また、文末は、「です」「ます」の敬体で書きましょう。文は、一文目に「いつ」「だれと」「どうした」かについて書きます。二文目で、様子をくわしくする言葉を書きます。

(2)「いつ」を表す言葉には、「○月○日」や「きょう」などがあります。

(3)一文目から、「だれと」「なにを　した」か」を読み取ります。

2 助詞の「は」「を」「へ」を正しく使えるようにしましょう。助詞の「は」「を」「へ」は語のはじめには付かず、「○○は」「○○を」「○○へ」と、他の言葉に付いて使われます。

3 「きゃ」「きゅ」「きょ」も、「しゃ」「しゅ」「しょ」と同様に、発音と表記が一致するように繰り返し学習することが大切です。

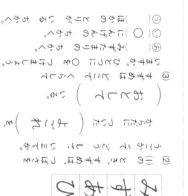

じゅんび 30~31ページ
としょかんへ　いこう／おはなしの　くに

1（としょかんへ　いこう）としょかんでは　なにが　できますか。あう　もの　すべてに　○を　つけましょう。

あ（○）いろいろな　ほんを　よむ　こと。
い（　）じぶんの　ほんを　つくる　こと。
う（○）よみたい　ほんを　かりる　こと。
え（○）わからない　ことを　ほんで　しらべる　こと。
お（　）ほしい　ほんを　かう　こと。

2（としょかんへ　いこう）としょかんで　すごす　ときの　やくそく　すべてに　○を　つけましょう。

あ（○）きれいな　てで　ほんを　さわる　こと。
い（○）しずかに　ほんを　よんだり　さがしたり　する　こと。
う（　）おなじ　ほんは　いっかいしか　かりる　ことが　できない　こと。
え（　）よみたい　ほんは　せんせいに　もって　きて　もらう　こと。
お（○）よんだ　ほんは　もとに　もどす　こと。

3（としょかんへ　いこう）ほんに　ついて、こえに　だして　こたえましょう。

・どんな　ほんが　すきですか。ほんの　だいめいを　いいましょう。
れい　おむすびころりん　です。
・その　ほんで　とくに　どんな　ところが　すきですか。いいましょう。
れい　おむすびが　ころころと　ころがって　いく　ところ　です。
・その　ほんで　こころに　のこった　ことは　どんな　こと　ですか。くわしく　いいましょう。
れい　おじいさんが　ねずみたちに　やさしい　こと　です。

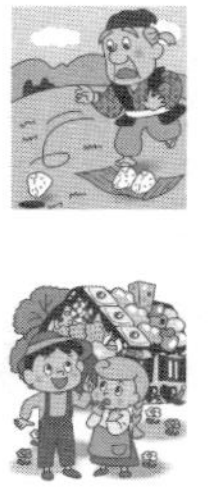

4（おはなしの　くに）うえの　えの　おはなしの　なまえを、したから　えらんで　――《せん》で　むすびましょう。

あ　い　う　え

ぶれーめんの　おんがくたい
かぐやひめ
つるの　おんがえし
ももたろう

じゅんび 32~33ページ
おおきな　かぶ／えにっきを　かこう

1（おおきな　かぶ）かぶを　ひっぱった　じゅんに　ひとや　どうぶつを　○で　かこみましょう。

2（おおきな　かぶ）おじいさんは　なにを　まきましたか。ひとつに　○を　つけましょう。

かぶの
あ（　）はっぱ
い（○）たね
う（　）はな

3（おおきな　かぶ）おじいさんは、どんな　かぶに　なって　ほしいと　いって　いますか。すべてに　○を　つけましょう。

あ（　）はやく　はやく　かぶに　なれ。
い（○）おおきな　おおきな　かぶに　なれ。
う（　）しろい　しろい　かぶに　なれ。
え（○）あまい　あまい　かぶに　なれ。

4（おおきな　かぶ）もじを　なぞり、おじいさんや　ねずみに　なった　つもりで　よみましょう。

うんとこしょ、どっこいしょ。

5（おおきな　かぶ）おじいさんが　ひとりで　かぶを　ひっぱった　あと、かぶは　どう　なりましたか。ひとつに　○を　つけましょう。

あ（○）ぬけなかった。
い（　）ぬけた。
う（　）おれて　しまった。

6（おおきな　かぶ）みんなで　ひっぱった　あと、かぶは　どう　なりましたか。ひとつに　○を　つけましょう。

あ（　）ぬけなかった。
い（○）ぬけた。
う（　）おれて　しまった。

7（えにっきを　かこう）えにっきの　線《せん》の　ところには　なにを　かいて　いますか。ひとつに　○を　つけましょう。

7がつ27にち　どようび　はれ

（いとう　めぐみ）
きょうは、こうえんで　いぬの　ぽちの　さんぽを　しました。おにいちゃんと　いっしょに　いきました。おにいちゃんも　ぽちも、あるくのが　はやいので、つかれました。

あ（　）なまえ
い（　）できごと
う（○）ひづけ
え（　）かんそう

なまえや　できごとは　えの　したに　かいて　あるね。

---

1 **2** 図書館の基本的な利用方法を知りましょう。そして、興味のある本を探し、読んでみましょう。学校図書館では、以下の約束があります。
・本は、きれいな手で触《さわ》ること。
・図書館では、静かに過ごすこと。
・読んだ本は、元《もと》に戻すこと。

3 本の好きなところや心に残ったことを話すときは、「だれが」「どうする」について注意すると、わかりやすくなります。「だれが、どうしたのかな。」とたずねてみてもよいでしょう。

4 日本のお話だけではなく、外国のお話も読んでみましょう。「ブレーメン」は、外国の地名です。

1 「おおきな　かぶ（ロシア民話／A.トルストイ再話／内田莉莎子訳㈱福音館書店刊より）」は、お話の場面の様子を正しく読み取りましょう。自分自身で場面の様子をイメージして、楽しんで読むとよいでしょう。

2 何から「かぶ」が育ったのかを読み取りましょう。

3 おじいさんの会話を探すと、「あまい、あまい　かぶに　なれ。おおきな、おおきな　かぶに　なれ。」とあります。ここから、「あまい」と「おおきな」という二つのことをとらえましょう。

4 小さい「っ」や「よ」に気を付けてなぞります。お話の中で繰《く》り返し出てくる言葉です。言葉のリズムを楽しんで、音読しましょう。

5 **6** おじいさん一人ではかぶを抜《ぬ》くことができなかったけれど、みんなで力を合わせるとかぶを抜くことができたことをおさえておきましょう。

7 絵日記には、いつの出来事なのか日付を入れて、思い出を記録しましょう。

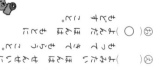

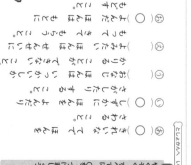

れんしゅう　34~35ページ
おおきな　かぶ

❶ ぶんしょうを　よんで、こたえましょう。

おじいさんが、かぶの
たねを　まきました。
「あまい、あまい
かぶに　なれ。
おおきな、おおきな
かぶに　なれ。」

あまそうな、げんきの
いい、とてつもなく
おおきな　かぶが
できました。

おじいさんは、
かぶを　ぬこうと
しました。
「うんとこしょ、
どっこいしょ。」
ところが、かぶは
ぬけません。

おじいさんは、
おばあさんを　よんで　きました。
おばあさんが　おじいさんを
ひっぱって、おじいさんが
かぶを　ひっぱって――。
「うんとこしょ、どっこいしょ。」
それでも、かぶは　ぬけません。

ろしあの　おはなし　うちだ　りさこ　やく「おおきな　かぶ」
（ロシア民話／A.トルストイ再話／内田莉莎子訳「おおきなかぶ」㈱福音館書店刊より）

❶ おじいさんは、なにを　まきましたか。

かぶ　の　たね。

❷ どんな　かぶが　できましたか。
みっつに　○を　つけましょう。

㋐（　）からそうな
㋑（○）あまそうな
㋒（○）げんきの　いい
㋓（　）いろの　いい
㋔（○）おおきな

❸ つぎの（　）に　はいる　ことばを
ぶんしょうから　かきぬきましょう。

おじいさんは、ひとりで　かぶを
ぬこうと　しました。
（ところが）、かぶは　ぬけません。

❹ おじいさんは、だれを　よんで
きましたか。

おばあさん

ヒント　おじいさんを　ひっぱって　いる　ひとは　だれかな。

❺「うんとこしょ、どっこいしょ。」から
わかる　ようす　ひとつに　○を
つけましょう。

㋐（　）ちからを　いれて　いない　ようす。
㋑（○）ちからを　いれて　いる　ようす。

ヒント　こえに　だして　よんで　ようすを　かんがえよう。

たしかめのテスト　36~37ページ
おおきな　かぶ／えにっきを　かこう

❶ ぶんしょうを　よんで、こたえましょう。　思考・判断・表現

ねこが　いぬを　ひっぱって、いぬが
まごを　ひっぱって、まごが　おばあさんを
ひっぱって、おばあさんが　おじいさんを
ひっぱって、おじいさんが　かぶを
ひっぱって――。
「うんとこしょ、どっこいしょ。」
それでも、かぶは　ぬけません。

ねこは、ねずみを　よんで　きました。
ねずみが　ねこを　ひっぱって、
ねこが　いぬを　ひっぱって、
いぬが　まごを　ひっぱって、
まごが　おばあさんを　ひっぱって、
おばあさんが　おじいさんを
ひっぱって、
おじいさんが　かぶを
ひっぱって――。
「うんとこしょ、
どっこいしょ。」

やっと、かぶは
ぬけました。

ろしあの　おはなし　うちだ　りさこ　やく「おおきな　かぶ」
（ロシア民話／A.トルストイ再話／内田莉莎子訳「おおきなかぶ」㈱福音館書店刊より）

(1)「それでも、かぶは　ぬけません。」の
あと、だれが　ねずみを　よんで
きましたか。　10てん

ねこ

よく出る
(2) この　おはなしに　でて　くるのは、
なんにんと　なんびきですか。（　）に
ひらがなで　かきましょう。　ひとつ15てん（30てん）

（さん）にんと（さん）びき。

(3)「やっと」が　あらわす　ようす
ひとつに　○を　つけましょう。　10てん

㋐（○）じかんを　かけて　がんばる　ようす。
㋑（　）すぐに　あきて　やめる　ようす。
㋒（　）しずかに　とりくむ　ようす。

できたらスゴイ！
(4) なぜ　かぶが　ぬけたのですか。
ひとつに　○を　つけましょう。　10てん

㋐（　）ねずみが　つちを　ほったから。
㋑（○）みんなが　ちからを　あわせたから。
㋒（　）かぜが　つよく　なったから。

かんがえをかこう
(5) この　あと、みんなは　かぶを
どう　したと　おもいますか。　25てん

れい　みんなで　おいしく
たべた。

❷ えを　みて、したの　にっきの（　）に
はいる　ことばを　かきましょう。　15てん

7がつ28にち（にち）はれ
きょう、ぼくは、こうえんで（　）を
しました。さかあがりのれんしゅうを
がんばりました。

（てつぼう）

---

❶ 初めの文に、「おじいさんが、かぶのたねを　まきました」とあります。

❷ できたかぶの様子を想像してみましょう。

❸ かぶを抜《ぬ》こうとしても、抜けなかったので、逆接の意味の「ところが」が入ります。

❹「よんで　きました」の前に書いてある人物です。また、「おばあさんが　おじいさんを　ひっぱって」いることからもわかります。

❺「うんとこしょ、どっこいしょ」は、力を入れているかけ声です。

❶ (1)お話を読むときは、登場人物を把握《はあく》しましょう。加えて、「おおきな　かぶ」では、出てくる順番もおさえておきましょう。おじいさん↓おばあさん↓まご↓いぬ↓ねこ↓ねずみの順に登場します。ねずみを呼んできたのは、「ねこ」です。

(2)「にん」は人間を数える単位、「びき」は動物を数える単位です。お話に出てくる人間はおじいさん・おばあさん・まご、動物はいぬ・ねこ・ねずみです。

(3)「やっと」は、長い時間をかけて、物事をなしとげる様子を表す言葉です。

(4)全員でひっぱったことで、やっと抜けたことから考えましょう。

(5)みんなで力を合わせて抜いたかぶなので、みんなでできることを書くとよいでしょう。

れい 2 みんなで　わけて　たべた。

おうちのかたへ
物語を読むときには、登場人物の気持ちをとらえることが大切です。登場人物たちが、「どこで」「だれと」「なにをしているか」など、場面が変化するところも意識して読みましょう。

❷ 絵をよく見て、何をしているところかをおさえましょう。

じゅんび　38~39ページ
なつの　おもいでを　はなそう／かたかなの　ことば

1 ゆうたさんが　ともだちに　はなした　なつの　おもいでを　よんで、もんだいに　こたえましょう。

ぼくは、おとうさんと　いとこの　みほちゃんと　いっしょに　うみに　いきました。
みほちゃんと　ぼくは、うきわを　つかって　うみで　およぎました。
たのしくて　きもちよかったです。

(1) ゆうたさんが　はなす　ときに　みせた　えに　○を　つけましょう。

(2) ゆうたさんは　うみで　なにを　しましたか。ひとつに　○を　つけましょう。
あ（　）すいかを　たべた。
い（○）およいだ。
う（　）かいがらを　ひろった。

(3) ゆうたさんは　うみへ　だれと　いきましたか。すべてに　○を　つけましょう。
あ（○）いとこの　みほちゃん
い（　）ともだちの　かいくん
う（○）おとうさん

2 なつの　おもいでを　がっこうで　はなせるように、おもいでを　まとめましょう。

(1) なにを　はなしたいですか。ひとつ　えらんで　○を　つけましょう。
れい（○）ともだちと　あそんだ　こと。
（　）きょうだいと　あそんだ　こと。
（　）りょこうに　いった　こと。

(2) (1)で　えらんだ　ことに　ついて　かきましょう。
いつ（れい　8がつ　1にち）
どこで（れい　ゆうえんちで）
だれと（れい　かいくんと）
なにを　した（れい　のりものに　のった。）

3 えに　あう　ことばを　かたかなで　かきましょう。

コップ　アイス　ヨット　フルーツ　カヌー

じゅんび　40~41ページ
けんかした　山

おきトリ　あたらしい　かんじ

かんじ	よみ	かく数	れい
山	サン　やま	3かく	山に　のぼる
日	ニチ・ジツ　ひ・か	4かく	お日さま
月	ゲツ・ガツ　つき	4かく	お月さま
火	カ　ひ	4かく	火を　けす
木	ボク・モク　き・こ	4かく	みどりの　木
一	イチ　ひと・ひとつ	1かく	一ばん
二	ニ　ふた・ふたつ	2かく	二わ
三	サン　み・みっつ	3かく	三びき

1 □に　よみがなを　かきましょう。
① 山（やま）に　のぼる。
② 日（ひ）が　しずむ。

2 □に　かんじを　かきましょう。
① マッチで　火《ひ》を　つける。
② 木《き》を　きる。
③ 二《に》ひきの　こいぬ。

3 ただしい　いみに　○を　つけましょう。
① あんしんして　ねむる。
あ（○）しんぱいが　ない　こと。
い（　）ふあんが　ある　こと。
② ふんすいから　みずが　ふきだす。
あ（○）いきおいよく　そとに　でる。
い（　）ゆっくり　なかに　はいる。

3分でワンポイント　やまの　ようすを　よみとろう。
★つぎの　えを、おはなしに　でて　くる　じゅんに　□に　ばんごうを　かきましょう。

1 (1)自分の体験や出来事を紹介《しょうかい》するときは、話す内容をわかりやすくまとめてから話しましょう。話す内容にふさわしい絵や写真を用意すると伝わりやすくなります。
(2)「うみで　およぎました」という文を読み取りましょう。「すいか」や「かいがら」のことは、書かれていないことに注意します。
(3)誰《だれ》と行ったかは、文の中から読みとります。「ぼく」は、「おとうさん」と「いとこのみほちゃん」と一緒《いっしょ》に海へ行ったと話しています。

2 夏の思い出を話す場合は、問題のように、「いつ」「どこで」「だれと」「なにを　した」に注意しながら、話すようにするとよいでしょう。

3 かたかなは、ひらがなと比べて形がかくばっています。特徴《とくちょう》をおさえて書く練習をしましょう。
言葉の中には、ひらがなで書く言葉とかたかなで書く言葉があります。多くの言葉に触《ふ》れて、確かめましょう。生活の中で、『ヨーグルト』はひらがなで書くといいのかな、かたかなで書くといいのかな。」などと、たずねてみてもよいでしょう。

3 教科書の本文に登場する語句で、意味がわからないものは、辞書で調べてみるとよいでしょう。「安心」と「不安」は、反対の意味の言葉です。

3分でワンポイント

「けんかした　山(あんどう　みきお)」では、二つの山の様子をとらえましょう。山の色や顔の表情について、文と絵に着目して読み取りましょう。
1　二つの山が、せいくらべをしてけんかしています。
2　二つの山の怒《いか》りが頂点に達して、二つの山が噴火《ふんか》しています。
3　雨が降って二つの山の火が消え、しょんぼりしています。
4　二つの山が仲良く並んでいます。

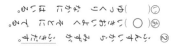

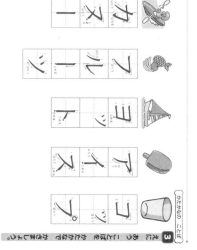

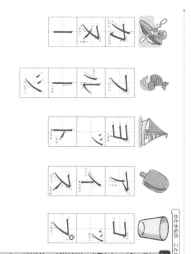

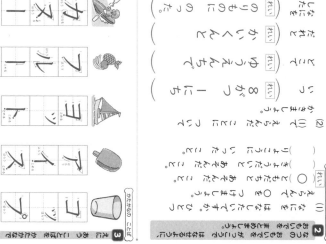

れんしゅう　42~43ページ
けんかした　山

❶ ぶんしょうを よんで、こたえましょう。

ある 日の ことでした。

とうとう、りょうほうの 山が、まけずに どっと 火を ふきだしました。

たくさんの みどりの 木が、あっというまに、火に つつまれました。

ことりたちが、くちぐちに いいました。

「お日さま。はやく くもを よんで、あめを ふらせて ください。わたしたちも よびに いきますから。」

お日さまは、くもを よびました。

くろい くもが、わっさ わっさと あつまって、どんどん あめを ふらせました。
火の きえた 山は、しょんぼりと かおを みあわせました。
一ねん、二ねん、三ねん たちました。
なんねんも なんねんも たちました。
山は、すっかり みどりに つつまれました。

あんどう みきお「けんかした 山」より

❶ りょうほうの 山は どのように 火を ふきだしましたか。一つに ○を つけましょう。
あ（　）そっと
い（○）どっと
う（　）ちょこっと
え（　）ふわっと

ヒント ×は つけないよ。

❷ お日さまは だれを よびましたか。一つに ○を つけましょう。
あ（　）つき
い（　）ほし
う（○）くも
え（　）かぜ

❸ 火の きえた 山は、なにを しましたか。
火の きえた 山は、しょんぼりと かお を みあわせ ました。

❹ なんねんも なんねんも たって、山は どう なりましたか。
山は、すっかり（みどり）に つつまれました。

ヒント なにいろの 木に つつまれたかな。

❶ 問題に「どのように」とあるので、両方の山の様子をとらえましょう。「りょうほうの 山が、まけずに どっと 火を ふきだしました。」とあります。

❷ 「だれ」という質問には、ここでは登場人物の名前を書きましょう。「お日さまは、くもを よびました。」とあります。「つき」や「ほし」、「かぜ」は、登場していません。

❸ 火の消えた山の様子に着目しましょう。「火の きえた 山は、しょんぼりと かおを みあわせました。」とあります。

❹ 「なんねんも なんねんも たちました」のあとの文に、山がどうなったかが書かれています。「山は、すっかり みどりに つつまれました。」とあります。

じゅんび　44~45ページ
かん字の　はじまり／だれが、たべたのでしょう

かきトリ あたらしい かんじ

字　上　下　人　川　子　口　田

1 □に よみがなを かきましょう。
① 子（こ）どもの て。
② 字（じ）を かく。

2 □に かん字を かきましょう。
① 木の 上《うえ》。
② がけの 下《した》。

3 えを みて、□に いれる ことばを かきましょう。
かたちから できた かん字です。
「口」は、（くち）の

4 ただしい いみに ○を つけましょう。
① くるみの からを わる。
あ（○）みや たねを おおう もの。

い（　）やわらかい もの。
② りんごを かじる。
あ（　）ぜんぶ たべる。

い（○）かたい ものを すこしずつ かむ。

3分で ワンポイント　どうぶつたちが なにを たべたか よみとろう。

★どんな どうぶつが なにを たべて いましたか。したから えらんで ――《せん》で つなぎましょう。

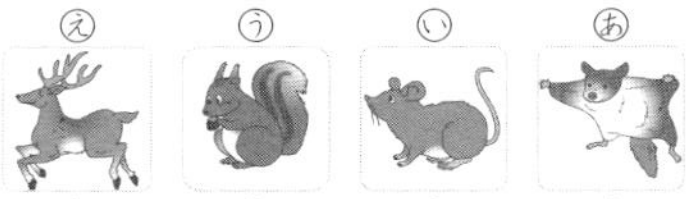

くるみ　くさ　木のは　まつぼっくり

3 「漢字には、絵からできた文字と、しるしからできた文字があることを理解しましょう。「口」は「くち」の形を表す絵がもとになった、文字です。もとになった絵からの成り立ちを確認《かくにん》しましょう。

4 (1)「から」は、中身を包むもののことです。
(2)「かじる」は、少しずつかむことです。

3分でワンポイント

「だれが、くるみを たべたのでしょう。」「だれが、まつぼっくりを たべたのでしょう。」「だれが、木のはを たべたのでしょう。」という問いの文に対して、文や写真からどんな動物が食べたのかを対応させて読みましょう。

ねずみは、くるみのからに穴《あな》をあけて、中身を食べ、りすは、まつぼっくりのまわりだけを食べ、むささびは木の葉を食べました。教科書には、しかが草を食べたあとの写真も載《の》っています。

じゅんび 46~47ページ

たのしかった ことを かこう／かぞえよう

かんじドリル あたらしい かん字

四	五	六	七	八	九
四にん	五こ	六つ	七ひき	八こ	九はい

十 十ぽん

たのしかった ことを かこう

1 まゆみさんの かいた ぶんで、りえさんの はなした ところを かきぬきましょう。

わたしは、ともだちのりえちゃんに、いえで かっているうさぎのしゃしんをみせました。りえちゃんは、「かわいいね。」と、いいました。

「かわいいね。」

かぞえよう

2 「かぞえうた」を よんで、こたえましょう。

かぞえうた

一つ　ひまわり　さいたよ　一りん
二つ　ふくろう　ないたの　二かい
三つ　みのむし　ならんで　三びき
四つ　よく　にた　にがおえ　四まい
五つ　いのしし　すやすや　五とう
六つ　むいたよ　みかんが　六こ
七つ　なおした　じてんしゃ　七だい
八つ　やきいも　ほかほか　八ぽん
九つ　ことりが　すばこに　九わ
十で　ともだち　なかよし　十にん

（「かぞえうた」より）

(1) 「一りん」は なんの かずですか。

ひまわり

(2) 「まい」と ありますが、「まい」と かぞえる もの 一つに ○を つけましょう。

あ（　）くるま
い（　）やきいも
う（○）にがおえ

(3) なおした じてんしゃは なんだい ありますか。かずを かきましょう。

（七）だい

(4) ことりの かずを、かぞえかたも いれて かきぬきましょう。

（九わ）

たしかめのテスト① 48~49ページ

けんかした 山 ～ かぞえよう

ぶんしょうを よんで、こたえましょう。　思考・判断・表現

くるみの からが、おちて います。あなの あいた ものも あります。

だれが、くるみを たべたのでしょう。ねずみが、くるみを たべたのです。

ねずみは、からに あなを あけて、なかみを たべます。

まつぼっくりが、おちて います。まわりだけが、かじられた ものも あります。

だれが、まつぼっくりを たべたのでしょう。りすが、まつぼっくりを たべたのです。

りすは、まつぼっくりの まわりだけを たべて、しんを のこします。

（「だれが、たべたのでしょう」より）

1 くるみの なにが おちて いますか。（10てん）

から。

2 だれが くるみを たべたのですか。（10てん）

（ねずみ）

3 ❷の どうぶつは どのように くるみの なかみを たべたのですか。（一つ10てん(30てん)）

から に あな を あけて、たべた。

4 よく出る まつぼっくりは どこが かじられた ものも ありますか。一つに ○を つけましょう。（10てん）

あ（○）まわりだけ。
い（　）ねもとの ところだけ。
う（　）さきの ところだけ。

5 できたらスゴイ！ りすは どのように まつぼっくりを たべたのですか。（一つ10てん(20てん)）

まわり だけを たべて、しん を のこした。

6 かんがえてかこう しぜんの なかには どんな どうぶつの たべた あとが あると おもいますか。（20てん）

れい　しかが くさを たべた あと。

---

1 「と、いいました。」と書かれているので、その前が話したところです。

2 ものの数え方はそれぞれ違《ちが》うことを学びます。

(1) 「りん」は、花の数を数える言葉です。

(2) 「まい」は、薄《うす》く平たいものを数える言葉です。

(3) 「じてんしゃ」について書かれている行を読みましょう。

(4) 「ことり」について書かれている行を読みましょう。「ことり」は巣箱に九わいます。

---

1 一行目から、落ちているのは、くるみの「から」だとわかります。

2 「だれが」と聞かれたときは、登場人物の名前を答えましょう。

3 「ねずみが、くるみを　たべたのです」のあとに、「どのように」食べたのかが説明されています。

4 「どこ」と聞かれているので、場所や部分を答えます。

5 最後の文に、「まわりだけを　たべて、しんを　のこしますね」とあります。□にあてはまる言葉を抜《ぬ》き出して書きましょう。

6 自然の中には、どんな動物たちが生活しているかを考え、動物たちはどんな食べ物を食べて暮らしているかを考えて書きましょう。意味が通るものを書けていれば、正解とします。

おうちのかたへ

「だれが、たべたのでしょう」は説明文です。「なに」が「どうなっている」など、何に対する説明なのかを、順番に確認《かくにん》しながら読みましょう。

［写真提供：(c)imaizumi tadaaki/nature pro./amanaimages／フォトライブラリー］

たしかめのテスト② 50~51ページ

けんかした 山 ~ かぞえよう

1 □に よみがなを かきましょう。〔一つ3てん（24てん）〕

① 田《た》んぼ　② 人《ひと》が あつまる。　③ 山《やま》のぼり　④ 月《つき》が でる。

⑤ 四《し》かくけい　⑥ 二《ふた》つ ある。　⑦ がん日《じつ》　⑧ 三《みっ》つ もらう。

2 □に かん字を かきましょう。〔一つ3てん（24てん）〕

① 木《こ》の は　② 七《しち》月　③ 川《かわ》あそび　④ てを 上《あ》げる。

⑤ 九《く》じすぎ　⑥ 十《じゅう》わの はと。　⑦ 八《はち》ばんめ　⑧ 一《ひと》つ もらう。

3 上の えから できた かん字を かきましょう。〔一つ5てん（10てん）〕

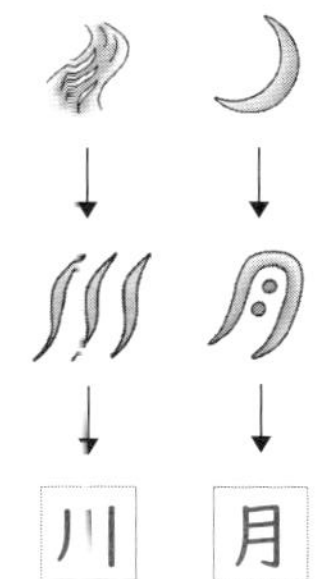

(1) 月　(2) 川

4 くるまと かみの かずを かん字を つかって かきましょう。〔一つ5てん（10てん）〕

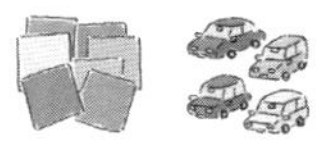

(1)（四だい）　(2)（七まい）

5 思考・判断・表現　ぶんしょうを よんで、こたえましょう。

> としょかん　いまい りょうた
>
> きのう、としょかんに いきました。いっしょに いった おねえちゃんに
> 「ほんは なんさつまで かりられるの。」
> ときくと、
> 「十さつまでだよ。」
> と おしえて くれました。
> ぼくは、ものがたりの ほんを 八さつ かりました。
> きょうから よむのが、たのしみです。

(1) なにを した ことを かいて いますか。一つに ○を つけましょう。20てん

あ（　）いえで ほんを よんだ こと。

い（○）としょかんに いって ほんを かりた こと。

(2) 「　」が はいる ところが 二つ あります。その 二つに 「　」を つけましょう。〔一つ6てん（12てん）〕

じゅんび 52~53ページ

あめの うた／しらせたいな、いきものの ひみつ

かきトリ あたらしい かん字

見	文	白
はなを 見る	文を かく	白い ゆき
7かく	4かく	5かく

1 □に よみがな、□に かん字を かきましょう。

① 白《しろ》い うさぎを 見《み》る。

② 文《ぶん》を よむ。

2 まいさんは うさぎに ついて メモを かきました。□に あてはまる ことばを かきましょう。

●やわらかい。
●しっぽが みじかい。
●みみが □。
（うさぎ）

（れい ながい）

3 「あめの うた」を よんで、こたえましょう。

あめの うた　つるみ まさお

あめは ひとりじゃ うたえない、
きっと だれかと いっしょだよ。
やねと いっしょに やねの うた
つちと いっしょに つちの うた
かわと いっしょに かわの うた
はなと いっしょに はなの うた。

あめは だれとも なかよしで、
どんな うたでも しってるよ。
やねで とんとん やねの うた
つちで ぴちぴち つちの うた
かわで つんつん かわの うた
はなで しとしと はなの うた。

(1) あめは やねと いっしょに なんの うたを うたいましたか。

やね の うた

(2) かわの うたは どんな うたですか。一つに ○を つけましょう。

あ（　）さらさら
い（　）ふわふわ
う（○）つんつん

(3) あめと いっしょに 「しとしと」と うたって いるのは だれですか。

はな

---

4 (1)「○だい」は、車のほかに楽器や機械を数える言葉です。

(2)薄《うす》く平たいものを数える「○まい」は、紙のほかに皿などにも使われます。

5 (1)「どこで」「何をしたのか」を確認しながら、文章を読みましょう。文章には「としょかん」という題名がついていて、「としょかんにいきました。」という文があります。図書館のほかに、場所を表す言葉はありません。そこから、「いえで ほんを よんだ こと。」はあてはまらないことがわかります。

(2)「おねえちゃんに『ほんはなんさつまでかりられるの。』ときくと」とあります。「ぼく」が「おねえちゃん」に聞いたのは、「ほんはなんさつまでかりられるの。」です。また、『十さつまでだよ。』とおしえてくれました。」とあるので、「おねえちゃん」が教えてくれたのは、「十さつまでだよ。」だとわかります。

おうちのかたへ

「　」は、話し言葉に入ります。「どこで」「だれが」「なにを」しているのかを考えながら、話し言葉に注意して探しましょう。

2 絵をよく見て、うさぎの耳やしっぽの長さに注目しましょう。「しっぽが みじかい」とあります。

3 (1)「やねと いっしょに やねの うた」とあります。「あめ」は「やね」と一緒《いっしょ》に「やねの うた」をうたっています。

(2)「かわで つんつん かわの うた」とあります。

(3)「はなで しとしと はなの うた」とあります。

じゅんび　54~55ページ
はたらく　じどう車／「のりものカード」で　しらせよう

あたらしい　かん字

車	手	大	土	水	名
シャ くるま 7かく	シュ て 4かく	ダイ タイ おお（きい） 3かく	ド ト つち 3かく	スイ みず 4かく	メイ ミョウ な 6かく
じどう車	手を　あげる	大きな　さら	はたけの　土	水が　でる	名ふだ

出《シュツ　で（る）　だ（す）》 5かく　おもい出す

1 □に　よみがなを　かきましょう。

① じどう車（しゃ）　② 土（つち）を　かける。

③ 手（て）を　つなぐ。

④ 水（みず）を　かける。

2 □に　かん字を　かきましょう。

① 名《な》まえを　かく。

② 大《おお》きい　木。

3 ただしい　いみに　○を　つけましょう。

① じどう車が　あんぜんに　はしる。

あ（　）あぶない　ことが　ある　こと。

い（○）きけんな　ことが　ない　こと。

② じょうぶな　いえに　すむ。

あ（○）こわれにくい　こと。

い（　）くずれやすい　こと。

4 ゆりかさんが　まとめた　ひょうの　□に　あう　ことばを　一つに　○を　つけましょう。

じどう車の名まえ	やくわり	つくり
□	水を　ホースで　まいて、かじの　火を　けす。	水を　すい上げたり、まいたり　する　ホースを　つんで　いる。

あ（　）バス　い（○）ポンプ車

5 まことさんが　まとめた　のりものカードの　□に　あう　ことばを　一つに　○を　つけましょう。

でん車は、おおくの人を　のせられるのりものです。□、大きなしゃりんがついています。（あおき　まこと）

あ（　）たとえば　い（○）ですから　う（　）どうして

れんしゅう　56~57ページ
はたらく　じどう車

文しょうを　よんで、こたえましょう。

バスは、おおぜいの　おきゃくを　のせて　はこぶ　じどう車です。ですから、たくさんの　ざせきが　あります。つりかわや　手すりも　ついて　います。

バスは、おおぜいの　おきゃくを　のせて、きまった　みちを　あんぜんに　はしります。

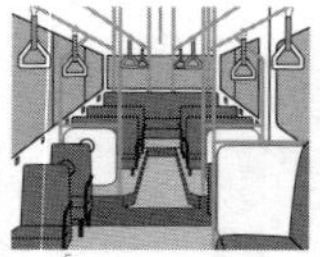

コンクリートミキサー車は、なまコンクリートを　はこぶ　じどう車です。

ですから、大きな　ミキサーを　のせて　います。

なまコンクリートが　よく　まざるように、ミキサーを　まわしながら、こうじを　する　ばしょに　はこびます。

「はたらく　じどう車」より

1 バスは、どのような　やくわりの　ある　じどう車ですか。

おおぜいの　おきゃくを　のせて　はこぶ　やくわり。

2 **1**の　やくわりの　ために　バスに　ある　もの　三つに　○を　つけましょう。

あ（○）手すり　い（　）はしご　う（○）つりかわ　え（○）たくさんの　ざせき　お（　）大きな　ざせき

ヒント　バスの　やくわりを　かくにんしよう。

3 コンクリートミキサー車は、なにを　はこぶ　じどう車ですか。一つに　○を　つけましょう。

あ（　）土　い（○）なまコンクリート　う（　）水

4 コンクリートミキサー車は、大きな　なにを　のせて　いますか。

大きな　ミキサー。

ヒント　なまコンクリートは　なにで　まぜるのかな。

5 コンクリートミキサー車は　なまコンクリートを　どこに　はこびますか。

（こうじ）を　する　ばしょに　はこぶ。

---

3 教科書の本文に登場する語句で、意味がわからないものは、辞書で調べてみるとよいでしょう。

4 「じどう車」の名前がわからないときは、「やくわり」に注目しましょう。「水を、ホースで　まいて、かじの　火を　けす」とあるので、「ポンプ車」とわかります。

5 のりものの役割と「つくり」という、前後の文をつなぐ言葉の「ですから」が入ります。

「たとえば」は、例を示すときに使うつなぐ言葉です。「どうして」は、疑問を表すときに使う言葉です。

1 はじめの一文に注目しましょう。「バスは、おおぜいの　おきゃくを　のせて　はこぶ　じどう車です。」とあります。この文は、バスがどのような役割をもった自動車なのかを説明しています。

2 バスのつくりを述べたまとまりと合わせて確認《かくにん》しましょう。「ですから」の前でバスの役割、あとでバスのつくりについて述べられています。つくりの内容は、「ですから」で始まる文とその次の二文で述べられています。一文だけではないので、注意しましょう。

3 コンクリートミキサー車の役割について答えます。「コンクリートミキサー車は、なまコンクリートを　はこぶ　じどう車です。」とあります。

4 コンクリートミキサー車のつくりについて答えます。「ですから」の前でコンクリートミキサー車の役割、あとでコンクリートミキサー車のつくりについて述べられています。

5 コンクリートミキサー車の役割は、はじめと最後の一文で述べられています。全体をよく読んで、はなれていても探せるようにしましょう。

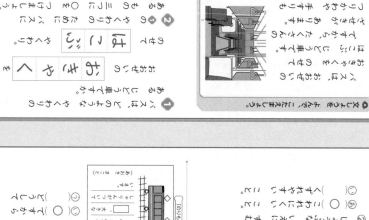

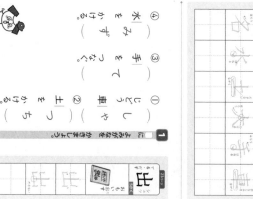

じゅんび　58~59ページ
なにを　して　いるのかな？／かん字の　ひろば①　日づけと　よう日

あたらしい　かん字

早	金	正	花	虫
早おきを　する	金いろの　コイン	正しく　なおす	花たば	かぶと虫

1 □に　よみがなを　かきましょう。

① 十月　一日（ついたち）　② 十一月　二十日（はつか）
③ 正月（しょうがつ）　④ 虫（むし）を　とる。

2 □に　かん字を　かきましょう。

① 金《きん》ぎょを　かう。
② 花《はな》が　さく。

3 えを　見て、こたえましょう。（なにを　して　いるのかな？）

(1) きりかぶに　すわって　いるのは、だれですか。
（くま）

(2) (1)は、なにを　して　いますか。
れい　りんごを　たべて　いる。

4 カレンダーを　見て、かん字で　こたえましょう。（日づけと　よう日）

10月

日	月	火	水	木	金	土
		1	2	3	4	5
6	7	8	9	10	11	12
13	14	15	16	17	18	19
20	21	22	23	24	25	26
27	28	29	30	31		

(1) 一しゅうかんは、何《なん》日　ありますか。
（七日）

(2) 十月は　何日まで　ありますか。
（三十一日）

(3) □は　何月　何日ですか。
（十月八日）

たしかめのテスト　60~61ページ
はたらく　じどう車　～　かん字の　ひろば①　日づけと　よう日

1 □に　よみがなを　かきましょう。（一つ5てん（40てん））

① 大《おお》きい　こえ。（おお）　② 名《な》まえを　よぶ。（な）
③ 早《はや》く　おきる。（はや）　④ お金《かね》を　もらう。（かね）
⑤ 四月　二日（ふつか）　⑥ 三月　三日（みっか）
⑦ 六月　九日（ここのか）　⑧ 五月　五日（いつか）

2 □に　かん字を　かきましょう。（一つ5てん（20てん））

① こえを　出《だ》す。　② 車《くるま》に　のる。
③ 土《つち》を　はこぶ。　④ 一月　一日《ついたち》

3 えを　見て、りすの　おもって　いる　ことを　そうぞうして　ことばを　かきましょう。（思考・判断・表現）（10てん）

れい　おいしそうな　りんごだなあ。

4 文しょうを　よんで、こたえましょう。（思考・判断・表現）

ショベルカーは、じめんを　ほったり、けずったり　する　じどう車です。
ですから、ながい　うでと　じょうぶな　バケットを　もって　います。
ショベルカーは、こうじの　ときに、うでと　バケットを　うごかして、土を　けずり、べつの　ばしょに　はこびます。

「はたらく　じどう車」より

よく出る (1) ショベルカーは、なにを　する　じどう車ですか。（5てん）
じめんを　（ほったり）、けずったり　する　じどう車。

てきたらスゴイ！ (2) 「こうじの　とき」、ショベルカーは、どのような　じゅんで　はたらきますか。1、2、3の　ばんごうを　かきましょう。（一つ5てん（15てん））
あ（2）土を　けずる。
い（3）べつの　ばしょに　はこぶ。
う（1）うでと　バケットを　うごかす。

かんがえをかこう (3) はたらく　じどう車の　やくわりと　つくりは　どのような　かんけいに　なって　いますか。（10てん）
れい　やくわりに　あう　つくりに　なって　いる。

3 絵をよく見て、だれが何をしているのかをとらえましょう。ここでは、だれが、どんなものを食べているのか、ということに着目します。
(2)(1)「だれ」にあたる答えを書きましょう。
(2)「なにを　して　いますか」にあたる答えを書きましょう。「りんごを　たべて　いる」のほかに、
れい2・きりかぶに　すわって　いる。
・きりかぶに　すわって　りんごを　たべて　いる。
などの文も正解とします。

4 カレンダーを見て、日付や曜日の言い方を練習しましょう。
(1)一週間は、「日曜日・月曜日・火曜日・水曜日・木曜日・金曜日・土曜日」の七日です。答えは、漢字で書きます。読み方は、「なのか」です。日付の特別な読み方に、注意しましょう。
(2)カレンダーの十月の最後の日を見れば、十月が何日まであるかわかります。
(3)八日の読み方も覚えておきましょう。「ようか」と読みます。

3 絵をよく見て、りすが何をしているのかをとらえましょう。りすが何をしようとしているのかということに着目します。そのときに、りすがどう思っているのかということを書くとよいでしょう。「おいしそうな　りんごだなあ。」のほかに、
れい2・早く　りんごを　たべたいなあ。
・りんごを　たくさん　とろう。
などの文も正解とします。

4 (2)「こうじの　とき」のあとに書かれている順に並べます。
(3)ほかに、
れい2・やくわりを　はたす　つくりに　なって　いる。
などの文も正解とします。

おうちのかたへ

「はたらく　じどう車」では、いろいろな役割をもった自動車があることに着目しました。生活の中で見つけられるはたらく自動車を探してみてもよいでしょう。

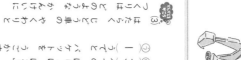

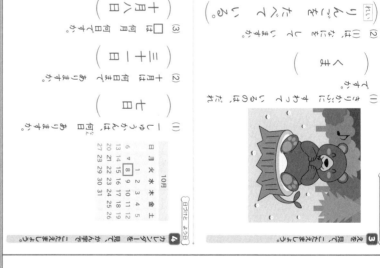

じゅんび 62~63ページ

うみへの　ながい　たび／きこえて　きたよ、こんな　ことば

かきトリ　あたらしい　かん字

青	空	目	百	耳	音
青い　空	きれいな　空	目を　こする	百えんだま	耳を　すます	音を　きく

立	年	千	力
立ち上がる	年が　じょうずる	千えんさつ	力を　出す

1 □に　よみがなを　かきましょう。

①　青い　車。（あお）　②　目を　見る。（め）

2 □に　かん字を、□に　かん字と　おくりがなを　かきましょう。

①　千年《せんねん》まえの　れきし。

②　いり口に　立つ《たつ》。

3 えを　見て、□に　いれる　ことばを　かきましょう。

きこえて　きたよ、こんな　ことば

ぼくは　こうえんで　（ボール）を　見つけた。

3分でワンポイント　白くまが　なにを　したかを　よみとろう。

うみへの　ながい　たび

★つぎの　えを、おはなしに　出て　くる　じゅんに　□に　ばんごうを　かきましょう。

れんしゅう 64~65ページ

うみへの　ながい　たび

文しょうを　よんで、こたえましょう。

1

白くまの　きょうだいだ。

ふゆの　あいだじゅう、うまれてから　ずっと　すごして　きた　あなの　なかと　くらべて、ここは　なんと　あかるい　ことか。ふたりの　あたまの　上には、ぬけるような　青い　はるの　空が　ひろがって　いる。

見わたす　かぎり　ひろがる　ゆきのはらの　白さが、まぶしすぎる。

それでも　ふたりは、目を　まんまるに　見ひらいて、はじめての　そとの　せかいを　ながめて　いる。いくら　ながめて　いても、あきないぞ……。

2

ふたりとも、うまれた　ときは　りすくらいの　大きさだった。それが、かあさんの　ミルクを　毎日　たっぷり　のんだから、ぐんぐん　そだち、いまじゃ　これ　このとおり。

（ふたりが　うまれてから、もう　百日は　たつね。そろそろ　出かけないと……。）

と、かあさんぐまは　かんがえて　いる。

おいしい　あざらしが　どっさり　いる　うみに　むかって　出かけるのだ。

それは、きたに　むかう　ながい　たびに　なる。

いまえ　よしとも「うみへの　ながい　たび」より

❶「ふゆの　あいだじゅう、うまれてから　ずっと」、白くまの　きょうだいは、どこで　すごして　いましたか。

あなの　なか

❷「はじめての　そとの　せかいを　ながめて　いる」白くまの　きょうだいは、どのように　おもいましたか。

いくら　ながめて　いても、あきないぞ　と　おもった。

ヒント「ふたり」とは、白くまの　きょうだいの　ことだよ。

❸「ふたりとも」とは　だれを　さして　いますか。一つに　○を　つけましょう。

あ（　）ふたりの　人げん。
い（○）白くまの　きょうだい。
う（　）かあさんぐまと　子ぐま。

❹「ぐんぐん　そだち」と　ありますが、ふたりは　なにを　のんで　そだちましたか。

かあさんの　ミルク

❺「このとおり」の　ここでの　いみに、一つ　○を　つけましょう。

あ（　）ちいさいでしょう。
い（○）大きいでしょう。
う（　）白いでしょう。

ヒント「このとおり」の　文の　ちかくを　見て　みよう。

3　絵を見て、どのような場面なのかを考えながら書いてみましょう。公園で見つけたもの（絵にあるもの）を書いていれば、正解とします。

3分でワンポイント

「うみへの　ながい　たび（いまえ　よしとも）」では、白くまの兄弟の成長の様子をとらえましょう。兄弟の体の大きさや、行っていることに着目しましょう。

1　白くまの兄弟は、初めての外の世界をながめています。
2　白くまの兄弟は、かあさんぐまのミルクを飲んでいます。
3　白くまの兄弟は、かあさんぐまに連れられて雪原を歩いています。
4　白くまの兄弟は、大きくなり、海へ入って泳いでいます。

❶「うまれてから　ずっと　すごして　きた　あなの　なか」と書かれています。

❷「いくら　ながめて　いても、あきないぞ……。」とあります。

❸最初の一文「白くまの　きょうだいだ」で、白くまの兄弟について書かれた文章であることがわかります。

❹「かあさんの　ミルクを　毎日　たっぷり　のんだから、ぐんぐん　そだち」とあります。

❺「このとおり」の前に「ぐんぐん　そだち」とあることに着目します。また、「ふたりとも、うまれた　ときは　りすくらいの　大きさだった」とあることにも着目します。これらから、「このとおり」は、大きさに関係していることがわかります。

じゅんび　66~67ページ

ことばの　ぶんか①　天に　のぼった　おけやさん／ことばの　ひろば①……

かきトリ　あたらしい　かん字

天	中	気	小
きょうかしょ54ページ	56ページ	57ページ	57ページ
テン　あま　4かく	チュウ・ジュウ　なか　4かく	キ・ケ　6かく	ショウ　ちい-さい　こ　お　3かく
天《てん》に　のぼる	あなの　中《なか》	うれしい　気もち	小《ちい》さい

「天」は、下の　よこぼうが　みじかいよ。

1 □に　よみがなを　かきましょう。

① 中《なか》に　はいる。（なか）

② 気《き》もちを　こめる。（き）

2 □に　かん字を　かきましょう。

① 小《ち》さい　手。（小）

② 天《てん》に　のぼる。（天）

3 正しい　いみに　○を　つけましょう。（天に　のぼった　おけやさん）

① とうとう　うみに　つく。
あ（○）いろいろ　あって　ついた。
い（　）はじまって　すぐに。

② さっそく　べんきょうを　はじめる。
あ（○）じかんを　あけずに。
い（　）しばらく　たって。

③ おもいきって　ちょうせんする。
あ（　）えんりょして。
い（○）こころに　きめて。

4 □の　ひらがなを　かたかなで　□に　かきましょう。（かたかな）

きゃっち → キャッチ

5 えに　あう　ことばを　かたかなで　かきましょう。（かたかな）

カステラ　メロン　ピーマン　キャベツ　ジュース

れんしゅう　68~69ページ

ことばの　ぶんか①　天に　のぼった　おけやさん

文しょうを　よんで、こたえましょう。

「なんじゃい、おまえは。こんな
とこで　なにを　しとるか。」
「へえ。かさやで　かさの　ばんを
しとったら、かさが　かぜに
とばされてなあ……。」
と、おけやさんが　わけを
はなしました。
「そうか、そうか。そんなら、わしの
てつだいを　して　くれい。」
かみなりさんは、さっそく、
おけやさんに　しごとを　いいつけました。
「さあて、いまから、夕立《ゆうだち》を
ふらすでな。この　水《みず》ぶくろを
もって、ついて　こい。」
おけやさんは　おもい　水ぶくろを
かつがされて、くもの　上《うえ》を　よっちら
おっちら、かみなりさんに　ついて
いきました。やがて、かみなりさんは
たいこを　うちはじめました。
ドドン　ゴロゴロ、
ドンゴロ　ドンゴロ
「ほうれ、おまえも
雨《あめ》を　ふらせろ。」
そこで、おけやさんも、
水ぶくろの　水を
ザンザカ　ふりまきながら、
くもの　上を　かけまわりました。
むこうでは、かみなりさんが、たいこを
うちながら　どなって　います。

みずたに　しょうぞう「天に　のぼった　おけやさん」より

1 「わけ」とは、どんな　ことですか。

かさのばん を　して　いたら、かぜに　とばされた　こと。

2 「てつだい」とは、どんな　ことですか。

水ぶくろ を　もって　ついて　いく　こと。

ヒント　おけやさんが、いいつけられた　ことだよ。

3 「たいこを　うちはじめました。」と　ありますが、かみなりさんは、なにを　しはじめたのですか。一つに　○を　つけましょう。

あ（○）かみなりを　ならす　こと。
い（　）雨を　たくさん　ふらす　こと。
う（　）おけやさんを　しかる　こと。

4 「雨を　ふらせろ。」と　いわれた　おけやさんは、なにを　しましたか。

くもの上 から　水ぶくろの水 を　まいた。

ヒント　なにが　雨に　なったのか　かんがえて　みよう。

---

3 教科書に登場する語句で、意味がわからないものは、辞書で調べましょう。語彙《ごい》が増えて、文を書く力を養うことができます。

4 小さく書くかたかなは、マスの中の書く位置に気をつけましょう。マスの右上に書きます。

5 かたかなには、ひらがなと形が似ている字があります。形に気をつけて書きましょう。「ミ」や「。」も、小さく書くかたかなと同様にマスの右上に書きます。のばす音は「ー」と書きます。「ー」はマスの真ん中に書きます。身のまわりにある、かたかなの言葉を書いてみましょう。生きものは、「パンダ」「トラ」「カンガルー」「ゴリラ」などがあります。食べものは、「ケーキ」「コーヒー」「パイナップル」「ピザ」などがあります。

1 「おけやさんが　わけを　はなしました」とあるので、おけやさんが話した内容に着目します。直前の「　」がおやけさんが話した内容なので、マスの数にあう言葉を探して書きます。

2 「てつだい」は、おけやさんが、かみなりさんに言いつけられた「しごと」のことです。その内容は、「水ぶくろを　もって、ついて　こい」です。

3 かみなりさんが「たいこ」を打つことが、何を意味するかを答えます。「ドドン　ゴロゴロ、ドンゴロ　ドンゴロ」という音もヒントにして考えましょう。

4 かみなりさんに、「雨を　ふらせろ」と言われたあとのおけやさんの行動に着目します。おけやさんが「水ぶくろの　水を　ザンザカ　ふりまき」いたこと、おけやさんが「くもの　上」にいることを読み取りましょう。

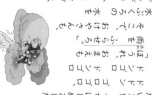

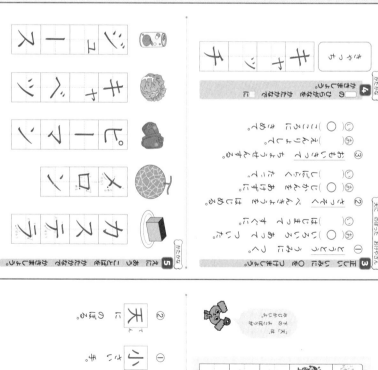

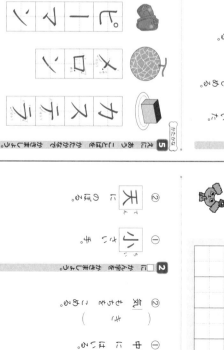

じゅんび　70~71ページ

かん字の　ひろば②　かん字の　よみかた／こころが　あたたかく　なる　……

ガチトリ　あたらしい　かん字

きょうかしょ58ページ	59ページ	59ページ	59ページ	59ページ	59ページ
本 ホン もと 5かく	竹 チク たけ 6かく	糸 シ いと 6かく	左 サ ひだり 5かく	右 ウ・ユウ みぎ 5かく	生 セイ・ショウ 5かく
二本《にほん》の バット	竹《たけ》とんぼ	糸《いと》を とおす	左《ひだり》を むく　左《さ》ゆう	右手《みぎて》を あげる　左右《さゆう》	生《う》まれる　生《い》きる　人生《じんせい》

59ページ	61ページ
先 セン さき 6かく	休 キュウ やすむ・やすまる・やすめる 6かく
先生《せんせい》	休《やす》んだ

1 □に よみがなを かきましょう。

① 竹（たけ）を きる。　② 左右（さゆう）の 目。

2 □に かん字を かきましょう。

① ひる 休（やす）み　② 糸（いと）で ぬう。

3 「日」の よみがなを かきましょう。（かん字の　よみかた）

① 日（ひ）かげ　② 一月四日（か）

③ 三月三十日（にち）　④ 本日（じつ）は あめ。

4 「生」の よみがなを かきましょう。（かん字の　よみかた）

① 先生（せい）が くる。

② いもうとが 生（う）まれた。

③ いっしょうけんめい 生（い）きる。

5 あおいさんが ゆいさんに かいた 手がみを よんで こたえましょう。（こころが　あたたかく　なる　手がみ）

> まえだ　ゆいさん
> いつも、いっしょに あそんで くれて、ありがとう。
> つぎの 日よう日も、いっしょに なわとびを しようね。
> かとう　あおい

(1) あおいさんは おれいの 気もちを どんな ことばで かいて いますか。

ありがとう

(2) 日よう日に なにを しますか。

なわとび

たしかめのテスト①　72~73ページ

うみへの　ながい　たび ～ こころが　あたたかく　なる　手がみ

文しょうを よんで、こたえましょう。　思考・判断・表現

6

かあさんぐまの おもいは、まちがって いなかった。なつかしい なみの 音。しおかぜの におい。

うみだ。うみに もどって きたのだ。

「ここが うみだよ。おまえたちが これから くらす ところ。しっかり およぎを おぼえるんだ。それから、えさとりもね。」

きょうだいは、うまれて はじめて 見る うみの ひろさに 目を みはった。

それから、そろって 大きく うなずいた。

「うん。」

7

それから、二年半《はん》ばかりが すぎる。

きょうだいは、青い 大きな うみを あいてに、すくすく そだった。

えさとりも うまく なり、おいしい あざらしも たっぷり とって、もう 一人前《まえ》だ。

よく ねむり、おきると ふたりで ふざけあい、うみへ はいって しっかり およぎ、よく たべては 日なたぼっこも ゆっくりと。

このように して、何百《なん》 何千もの 白くまの 親子《おや》が、きたの うみで、きょうも くらして いる……。

いまえ　よしとも「うみへの　ながい　たび」より

1 かあさんぐまは、なにの 音と、なにの においに 気が つきましたか。　一つ10てん(20てん)

（なみ）の 音。

（しおかぜ）の におい。

2 かあさんぐまは うみを どう する ところだと いいましたか。　20てん

これから くらす ところ。

3 よく出る　「目を みはった。」とは、どのような ようすを あらわして いますか。　20てん

一つに ○を つけましょう。

あ（　）目を まわした ようす。

い（　）こわがって いる ようす。

う（○）びっくりする ようす。

4 できたらスゴイ！　「一人前だ。」と ありますが、きょうだいの どのような ようすが 一人前ですか。かきぬきましょう。　20てん

（おいしい あざらしも たっぷり とった ようす。）

5 かんがえてかこう　きょうだいは、かあさんぐまに おしえられて どんな ことを おぼえたと おもいますか。　20てん

（れい　およぎと えさとりを おぼえた。）

---

3 漢字には、読み方がいくつかある漢字があることを確かめましょう。

4 「生」は、ほかにも読み方があります。

・しょう…一生けんめい　はしる。

・は……くさが　生える。

あわせて覚えておくとよいでしょう。

5 手紙の基本的な書き方を確かめましょう。はじめの行に相手の名前を、最後の行に自分の名前を書きます。また、内容ごとに、行を変えて一マスあけて書くとよいでしょう。ここでは、お礼の気持ちと、今後のことにわけて書かれています。

(1)お礼の気持ちを表す言葉を書き抜《ぬ》きます。

(2)今後のことについて読み取ります。「いつ」「どこで」「なにをする」のかを確認《かくにん》しながら読みましょう。

1 かあさんぐまは、海にもどってきたことを、感じ取っています。

2 「ここが　うみだよ。おまえたちが　これから　くらす　ところ。」とあります。

3 「はじめて　見る　うみの　ひろさ」を兄弟がどう思ったのかを考え、様子を読み取りましょう。

4 直前の兄弟の行動や様子が、成長して「一人前」になったことを表しています。

5 海に戻ってきたとき、かあさんぐまは、「しっかり　およぎを　おぼえるんだ。それから、えさとりもね。」と言っていることに着目しましょう。一人前になり、「えさとりも　うまく　なり」「しっかり　およぎ」とあり、兄弟が泳ぎとえさとりを覚えたことがわかります。

れい2　およぐ　ことと　えさを　とる　ことを　おぼえた。

のように、似たような意味であれば、正解とします。

おうちのかたへ

「うみへの　ながい　たび」は、ここまで扱《あつか》ってきた文章の中でも、比較《ひかく》的長い文章です。教科書の写真を見ながら、どのように場面が変化していくのか、順番に確認してみましょう。

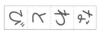

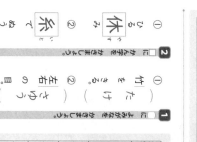

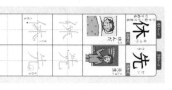

たしかめのテスト② 74~75ページ

うみへの ながい たび ～ こころが あたたかく なる 手がみ

1 （ ）に よみがなを かきましょう。 (1つ3てん〔24てん〕)

① 右を むく。（みぎ） ② 目を とじる。（め）
③ 小さい 虫。（ちい） ④ 本を かう。（ほん）
⑤ 音を きく。（おと） ⑥ ほそい 糸。（いと）
⑦ 年がじょう（ねん） ⑧ 左手を あげる。（ひだり）

2 □に かん字を かきましょう。 (1つ3てん〔24てん〕)

① 竹《たけ》とんぼ ② 青空《あおぞら》
③ 先生《せんせい》 ④ 気《き》もち
⑤ 休《やす》み時間 ⑥ 耳《みみ》の あな。
⑦ 力《ちから》もち ⑧ いえの 中《なか》。

3 それぞれの もんだいに こたえましょう。

(1) えに あう かたかなを かきましょう。 (1つ15てん〔30てん〕)

① ボール

② チーズ

(2) □に かたかなを かきましょう。 5てん

クラスで 四人の グループ を つくりました。

4 ―の かん字の よみかたと おなじ ものに ○を つけましょう。 5てん

気もち （○）気ぶん （ ）さむ気

5 思考・判断・表現 えを 見て、おはなしの つづきを かんがえましょう。 12てん

くまさんは、うさぎさんから りんごを もらいました。

れい もらった りんごで ジャムを つくりました。

じゅんび 76~77ページ

スイミー／どくしょの ひろば 「おはなしどうぶつえん」を つくろう

おきとり あたらしい かん字

赤	林	夕	雨
7かく	8かく	3かく	8かく
赤い りんご	林の 中	夕日	雨が ふる

「林」は、左の「木」の 四かくめを みじかく かくよ。

1 （ ）に よみがなを かきましょう。

① 赤い くつ。（あか） ② 林と もり。（はやし）
③ 夕がたに 雨が ふる。（ゆう）（あめ）

2 □に かん字を かきましょう。

① しん 林《りん》 ② 赤《せき》はん

3 いままでに よんだ 本で どうぶつが 出て くる 本の 名まえを かきましょう。 「おはなしどうぶつえん」を つくろう

れい （ももたろう）

4 つぎの おはなしに 出て くる どうぶつを ―で むすびましょう。 「おはなしどうぶつえん」を つくろう

- つるの おんがえし ― つる
- うらしまたろう ― かめ
- 赤ずきん ― おおかみ
- おむすび ころりん ― ねずみ

3分でワンポイント スイミー

スイミーの ようすや 気もちを よみとろう。

★①～③に あう スイミーの 気もちを、□の 中から えらんで、きごうを かきましょう。

イ①	うみで すばらしい ものを 見た。
ウ②	スイミーに そっくりの きょうだいを 見つけた。
ア③	まぐろに きょうだいたちが たべられた。

ア かなしい イ たのしい ウ ゆう気が 出た

---

3 (1)の「ボ」や「ズ」、(2)の「グ」「プ」など「゛」や「゜」に気をつけて書きましょう。(1)(2)ともにのばす音「ー」があります。「ウ」「イ」と書かないように注意しましょう。のばす音は、かたかなでは「ー」と書くことを覚えておきましょう。また、ここでは出題されていませんが、小さく書くかたかなの書き方も確かめておきましょう。

「ッ」「ャ」「ュ」「ョ」は、マスの右上に書きます。読み方は、ひらがなと同様に、「ッ」は読みません。身のまわりにあるかたかなで書く言葉を仲間ごとに集めて、書いたり読んだりしてみるとよいでしょう。

5 絵を見て、どんな場面かを想像しながら書きましょう。意味が通る文になっていれば、自由な発想でかまいません。

ほかに、

れい2 ・もらった りんごで パイを つくりました。

れい3 ・おれいに、うさぎさんに にんじんを あげました。

などの文も正解とします。

3 問いの条件にあった本の名前が書けていれば正解です。例の「ももたろう」に出てくる動物は、「いぬ」「さる」「きじ」です。

4 動物が登場するお話を図書館で探して読んでみましょう。

3分でワンポイント

「スイミー（レオ＝レオニ）」では、スイミーの様子や気持ちを読み取りましょう。

ア 兄弟たちが一ぴき残らず食べられてしまい、スイミーは「かなしかった」のです。

イ スイミーは今まで見たこともないすばらしいものを見て、「おもしろい」と思いました。

ウ そっくりの兄弟たち、仲間を見つけたので、スイミーは「勇気が出た」のです。

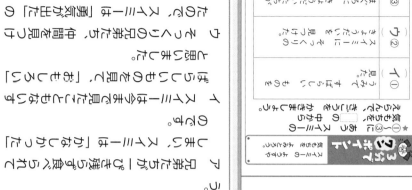

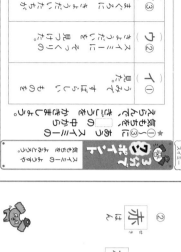

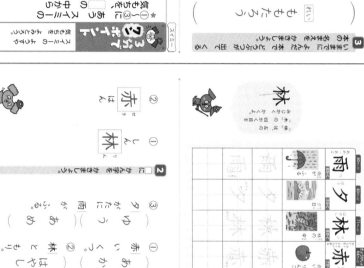

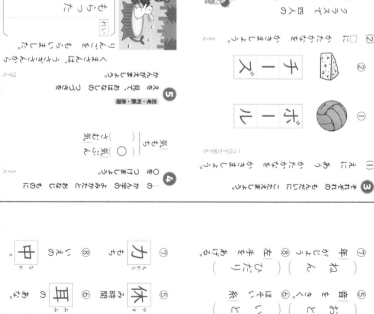

れんしゅう　78〜79ページ

スイミー

文しょうを　よんで、こたえましょう。

ある　日、
おそろしい　まぐろが、
おなかを　すかせて
すごい　はやさで、
ミサイルみたいに
つっこんで　きた。
一口で、まぐろは、
小さな　赤い
さかなたちを、
一ぴき　のこらず
のみこんだ。
にげたのは
スイミーだけ。

スイミーは　およいだ、
くらい　うみの　そこを。
こわかった、
さびしかった、
とても　かなしかった。
けれど、うみには、
すばらしい　ものが
いっぱい　あった。
おもしろい　ものを
見る　たびに、
スイミーは、
だんだん　元気《げん》を
とりもどした。
にじいろの　ゼリーのような　くらげ。
水中ブルドーザーみたいな　いせえび。

レオ＝レオニ　文・え／たにかわ　しゅんたろう　やく「スイミー」より

❶ 「ミサイルみたいに」とは　まぐろの　どんな　ようすの　ことですか。一つに　○を　つけましょう。
あ（　）いったり　きたり　する　ようす。
い（○）まっすぐ　むかって　くる　ようす。
う（　）じっと　して　いる　ようす。

❷ 「ミサイルみたいに」つっこんで　きた　まぐろは、それから　どう　しましたか。
一口で、小さな　赤い　さかなたちを、一ぴき　のこらず　［のみこんだ］。

ヒント　「一口で、まぐろは…」と　いう　文を　よもう。

❸ 「おもしろい　もの」を　見る　たびに、スイミーは　どう　なりましたか。
スイミーは、［元気］を　［とりもどした］。

❹ くらげと　いせえびを　見た　スイミーは　それぞれ　どのように　あらわして　いますか。［　］から　一つずつ　えらびましょう。
①くらげ（い）
②いせえび（う）

あ　ももいろの　やしの　木みたいな
い　にじいろの　ゼリーのような
う　水中ブルドーザーみたいな
え　ドロップみたいな

ヒント　「〜ような」と　いう　ことばに　ちゅういしよう。

たしかめのテスト①　80〜81ページ

スイミー／どくしょの　ひろば　「おはなしどうぶつえん」を　つくろう

文しょうを　よんで、こたえましょう。　思考・判断・表現

その　とき、いわかげに、スイミーは
見つけた。スイミーのと　そっくりの、
小さな　さかなの　きょうだいたちを。
スイミーは　いった。
「出て　こいよ。みんなで　あそぼう。
おもしろい　ものが　いっぱいだよ。」
小さな　赤い　さかなたちは　こたえた。
「だめだよ。大きな　さかなに、
たべられて　しまうよ。」
「だけど、いつまでも　そこに　じっと　して
いる　わけには　いかないよ。なんとか
かんがえなくちゃ。」
スイミーは　かんがえた。いろいろ
かんがえた。うんと　かんがえた。
それから　とつぜん　スイミーは　さけんだ。
「そうだ。みんな　いっしょに　およぐんだ。
うみで　いちばん　大きな　さかなの　ふりを　して。」
スイミーは　おしえた。
けっして　はなればなれに
ならない　こと。みんな、
もちばを　まもる　こと。
みんなが、一ぴきの　大きな
さかなみたいに
およげるように　なった　とき、
スイミーは　いった。
「ぼくが、目に　なろう。」
あさの　つめたい　水の　中を、ひるの
かがやく　ひかりの　中を、みんなは
およぎ、大きな　さかなを　おい出した。

レオ＝レオニ　文・え／たにかわ　しゅんたろう　やく「スイミー」より

よく出る
❶ 「小さな　さかなの　きょうだいたち」が、いわかげから　出て　こないのは　なぜですか。　20てん
大きな　さかなに　（たべられて）しまうから。

❷ 「スイミーは　かんがえた。」と　ありますが、スイミーは　なにを　かんがえましたか。一つに　○を　つけましょう。　20てん
あ（○）うみで　いちばん　大きな　さかなの　ふりを　する　こと。
い（　）うみで　いちばん　小さな　さかなの　ふりを　する　こと。
う（　）大きな　さかなに　見つからない　ように　かくれる　こと。

できたらスゴイ!
❸ 「スイミーは　おしえた。」と　ありますが、スイミーは　きょうだいたちに　なにを　おしえましたか。文の　中から　二つ　かきぬきましょう。　一つ15てん（30てん）
（けっして　はなればなれに　ならない　こと。）
（もちばを　まもる　こと。）

❹ みんなが、一ぴきの　大きな　さかなみたいに　およげるように　なった　とき、スイミーは　なにに　なりましたか。　10てん
［目］に　なりました。

かんがえをかこう!
❺ スイミーと　きょうだいたちは　その　あと　どのように　くらしたと　おもいますか。　20てん
（れい　いわかげに　かくれずに　なかよく　くらした。）

---

❶ 「〜みたいに」は何かにたとえるときに使う言葉です。まぐろが向かってくる様子を、ミサイルのまっすぐに飛ぶ性質にたとえています。

❷ 一つ目の段落に、まぐろが小さな赤い魚たちに向かってくる様子、二つ目の段落にまぐろが向かってきたあとのことが書かれています。まぐろは、小さな赤い魚たちを「のみこんだ」のです。

❸ 「おもしろい　もの」で始まる一文に着目しましょう。「〜たび」は回数を表す言葉です。スイミーは「おもしろいもの」を一回、二回、三回…何回も見て「元気」を「とりもどした」のです。

❹ 「くらげ」の前にある「〜のような」や、「いせえび」の前にある「〜みたいな」も、❶の「みたいに」と同様に何かにたとえるときに使う言葉です。

❸ 「スイミーは　おしえた。」のあとの文に注目しましょう。

❺ 大きな魚に食べられることをおそれて、岩かげにじっとしていた小さな魚のきょうだいたちは、大きな魚がいなくなった海で、岩かげにかくれている必要がなくなり、どのように暮らしたのかを考えてみましょう。

れい2　いわかげから　でて　きて、たのしく　くらした。

物語のその後の様子を想像し、岩かげから出てきて暮らした、という自分の考えを書けていれば、正解とします。

おうちのかたへ

「スイミー」は、絵を見ながら、物語の場面が変化するところをとらえるようにして読んでみましょう。
「『おはなしどうぶつえん』を　つくろう」では、動物が登場する作品を紹介《しょうかい》しています。「スイミー」は「魚」、「ひとまねこざると　きいろいぼうし」は「さる」など、お話と登場する動物について話してみましょう。

たしかめのテスト② 82〜83ページ
スイミー／どくしょの ひろば 「おはなしどうぶつえん」を つくろう

1 □に よみがなを かきましょう。（一つ5てん〔20てん〕）
① 赤道《どう》（せき） ② きょうは 雨天（う）だ。
③ 竹林（りん） ④ 夕日（ゆう）を 見る。

2 □に かん字を かきましょう。（一つ5てん〔10てん〕）
① 白ぐみと 赤《あか》ぐみ。 ② 林《はやし》の 木。

3 正しい いみに ○を つけましょう。（一つ5てん〔20てん〕）
① かぜで 木が ゆれる。
あ（○）まえや うしろ、左右、上下に うごく。
い（ ）じっと うごかずに そのばで かたまる。
② けっして ふりかえっては いけない。
あ（ ）いつでも
い（○）ぜったいに
③ もちばに つく。
あ（○）うけもって いる ばしょ。
い（ ）きめられて いない ばしょ。
④ 虫を へやから おい出す。
あ（ ）中に いれる。
い（○）そとへ 出す。

4 つぎの おはなしに 出て くる どうぶつを それぞれ あ〜えから えらびましょう。（一つ10てん〔20てん〕）
「ぞうのババール」「のんびり森のぞうさん」（え）
「さかさまライオン」「なぞなぞライオン」（い）
あ さる い ライオン う きつね え ぞう

5 つぎの ――の ことばは なにいろを あらわす たとえですか。――で むすびましょう。（かんとう20てん）
からすみたいな ― くろいろ
りんごのような ― あかいろ
うみみたいな ― あおいろ
もものような ― ももいろ

6 えに あう 文を 「みたいな」や「ような」などの たとえを つかって かきましょう。（10てん）思考・判断・表現
（れい）小さな たくさんの さかなが あつまって、大きな さかなみたいに なりました。

3 ②「けっして」は「絶対に」という意味です。

4 動物が出てくるお話はたくさんあります。好きな動物や、身近な動物などの本を、図書館で探して読んでみるのもよいでしょう。

5 たとえの言葉を使うと、様子や物事をくわしく説明することができます。「からす」の体は「黒い」ので「黒色」を表します。「りんご」の皮は「赤い」ので「赤色」を表します。「うみ」の水面は「青い」ので「青色」を表します。「もも」の皮は「もも色」なので「もも色」を表します。このように、身近にあるものにたとえると、具体的にイメージしやすくなることを確かめておきましょう。

6 たくさんの魚が集まることで、手前の魚よりも大きくなっていることに注目しましょう。

じゅんび 84〜85ページ
ゆき／みぶりで つたえる／ことばの ひろば② 文を つくろう／かん字……

かきトリ あたらしい かん字
男 ダン・ナン おとこ（7かく）男の子
女 ジョ おんな（3かく）女の子
円 エン まるい（4かく）一円
学 ガク まなぶ（8かく）中学生
校 コウ（10かく）学校へ いく
草 ソウ くさ（9かく）草はら
村 ソン むら（7かく）村で くらす
玉 ギョク たま（5かく）けん玉

1 □に よみがなを かきましょう。
① 草（くさ）が 生える。 ② 学校（がっこう）に かよう。
③ 村（むら）で くらす。 ④ 一円玉（いちえんだま）を ひろう。

2 □に かん字を かきましょう。
① 男《おとこ》の子 ② 女《おんな》の子

3 つぎの 文で 「だれが どう した」の 「だれが」に あたる ことばを ○で かこみましょう。
（あねが） うたを うたって います。

4 ――の かん字の よみかたと おなじ ものに ○を つけましょう。
① 十円
（○）空を とぶ 円ばん。
（ ）円い テーブル。

3分でワンポイント　えと あわせて みぶりの せつめいを よみとろう。
★文しょうに あう えを さがして ――で むすびましょう。
くびを たてに ふると 「はい」と いう いみに なる。
あたまを 下げながら 「ありがとう ございます」と いうと、おれいの 気もちが よく つたわる。
りょう手を 上げて ばんざいを すると、うれしい 気もちが つよく つたわる。

3 「だれが どう した」という文の構造に慣れましょう。「だれが」は主語、「どう した」は述語です。

4 漢字には、複数の読み方があるものがあります。言葉によって、読み方が変わるものがあることを確かめましょう。「円」には、「えん」と「まるーい」という読みがあります。

3分でワンポイント
「みぶりで つたえる（のむら まさいち）」は、文に絵や写真を添《そ》えると、内容がよりわかりやすくなります。
文と絵に同じことが表されているかを確認《かくにん》するとよいでしょう。例えば、文に「ばんざいを すると、うれしい 気もちが よく つたわる」とあります。ばんざいをしている絵では、手を上げている様子や、表情に着目します。また、首を縦にふったり、おじぎをしたりするのは、どんなときやどんな気持ちのときかを考えてみましょう。

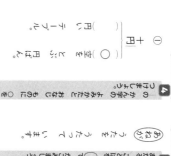

れんしゅう　86~87ページ

みぶりで　つたえる

文しょうを　よんで、こたえましょう。

こうえんの　むこうに　ともだちを　見つけて、おもわず　手を　ふった　ことは　ありませんか。その　とき、ともだちも、手を　ふって　こたえて　くれた　ことでしょう。

わたしたちは、ことばだけで　なく、みぶりでも、気もちや　かんがえを　つたえあって　います。

くびを　たてに　ふると「はい」、よこに　ふると「いいえ」、よこに　かたむけると「よく　わからない」と　いう　いみに　なります。くちびるに　人さしゆびを　あてると「しずかに　しよう」と　いう　いみに　なります。このような　とき、みぶりは　ことばの　かわりを　して　います。

のむら　まさいち「みぶりで　つたえる」より

❶ わたしたちは、みぶりで　なにを　つたえあいますか。

（気もち）や（かんがえ）。

❷ つぎの　みぶりの　いみを　[　]　から　えらんで、きごうで　こたえましょう。

・くびを　たてに　ふる。（い）
・くびを　よこに　かたむける。（あ）

あ「よく　わからない」
い「はい」
う「いいえ」

ヒント「　」の　ことばに　ちゅうもくしよう。

❸ くちびるに　人さしゆびを　あてると　どんな　いみに　なりますか。一つに　○を　つけましょう。

あ（　）おおきな　こえで　はなそう。
い（　）よく　わからない。
う（○）しずかに　しよう。
え（　）ごめんなさい。

ヒント「人さしゆびを　あてると……」の　あとを　よもう。

❹ みぶりが　いみを　あらわす　とき、みぶりは　なにの　かわりを　して　いますか。

（ことば）の　かわり

たしかめのテスト①　88~89ページ

ゆき　～　かん字の　ひろば③　かわる　よみかた

文しょうを　よんで、こたえましょう。思考・判断・表現

あたまを　下げながら、「ありがとう　ございます。」と　いうと、おれいの　気もちが　よく　つたわります。このように、みぶりと　ことばを　いっしょに　つかうと、じぶんの　つたえたい　ことを、あいてに　うまく　つたえる　ことが　できます。

また、みぶりは、とくに　気もちを　つよく　あらわす　ことが　あります。うれしい　ときには、りょう手を　上げて　ばんざいを　します。こまった　ときには、うでを　くんだり、あたまに　手を　あてたり　します。

このように、うれしい、たのしい、かなしい、こまったなどの　気もちは、みぶりを　つかうと、よく　つたわります。

のむら　まさいち「みぶりで　つたえる」より

❶ おれいの　気もちを　つたえる　ときは「ありがとう　ございます。」の　ことばと　どんな　みぶりを　すると　よいですか。15てん

（あたま）を　下げながら、「ありがとう　ございます。」と　いう。

よく出る
❷ みぶりと　なにを　いっしょに　つかうと　じぶんの　つたえたい　ことを、あいてに　うまく　つたえられますか。20てん

みぶりと　ことば。

できたらスゴイ！
❸ みぶりは　とくに　なにを　つよく　あらわす　ことが　ありますか。15てん

（気もち）

❹「ばんざい」とは、どういう　気もちの　ときに　する　みぶりですか。あう　ほうに　○を　つけましょう。15てん

あ（　）かなしい　気もち。
い（○）うれしい　気もち。

❺ こまった　ときには　うでを　くむ　ほかに　どんな　みぶりを　つかいますか。15てん

（あたま）に（手）を　あてる。

かんがえをかこう
❻ みぶりを　つかって　はなすと　どんな　ところが　よいと　おもいますか。20てん

れい　くわしく　はなさなくても、すぐに　気もちを　つたえられる　ところ。

---

❶「わたしたちは」から始まる段落に着目しましょう。はじめの段落は、日常生活の中でよくある、身ぶりの例が挙げられています。「わたしたちは」から始まる段落では、身ぶりで何を伝え合うかについて書かれています。「～だけでなく」は、ほかにも何かがあることを表す言葉です。

❷三つ目の段落に着目しましょう。身ぶりの例とその意味は、「くびを　たてに　ふると……いみに　なります。」に書かれています。あの「よく　わからない」は、首を「よこに　かたむける」意味です。普段《ふだん》の自分の身ぶりを思い出して確かめましょう。

❸「くちびるに　人さしゆびを　あてると」から始まる文から読み取りましょう。「しずかに　しよう」という意味になるとあります。

❹「みぶりは　ことばの　かわりを　して　います。」の部分に注目しましょう。

❷「みぶりと　ことばを　いっしょに　つかうと、じぶんの　つたえたい　ことを……。」の部分に注目します。

❸「みぶりは、とくに　気もちを　つよく　あらわす　ことが　あります。」の部分に注目します。

❹「ばんざい」はうれしいときにする動作です。

❻身ぶりは、言葉の代わりをしているということから、話さなくても気持ちが伝わるということを書きましょう。ほかに、

れい2　はなれて　いても、気もちを　つたえられる　ところ。

などの文も正解とします。

おうちのかたへ

「みぶりで　つたえる」では、気持ちを伝えるときに、どんな身ぶりをすれば、相手により伝わりやすいか、どんなことを伝えようとして使うのかを考えてみましょう。また、体のどんなところで、どんな身ぶりをするのか、その身ぶりではどんな気持ちを表すことができるのかも考えてみましょう。

たしかめのテスト② 90~91ページ
ゆき ～ かん字の ひろば③ かわる よみかた

1 （ ）に よみがなを かきましょう。 一つ6てん（30てん）

① 男子（だんし）と 女子（じょし）。
② 百円（えん）の おつり。
③ にわの 草（くさ）を かる。
④ 村（そん）ちょうに あう。

2 □に かん字を かきましょう。 一つ5てん（20てん）

① 男《おとこ》の 人。 ② 女《おんな》の 人。
③ 先生に 学《まな》ぶ。 ④ 円《まる》い まど。

3 えに あう 文を つくりましょう。 かんとう10てん

あにが （れい さかな）を （れい つって）います。

4 「ゆき」を よんで、こたえましょう。

ゆき　かわさき ひろし

はつゆき ふった
こなゆき だった
くつの 下で きゅっきゅと ないた
どかゆき ふった
のしのし ふって
ずんずん つもり
ねゆきに なった
べたゆき ふって
ぼたゆき ふって
ざらめゆきに なって
もう すぐ はるだ

(1) はつゆきは どんな ゆきでしたか。 10てん
（こな）ゆき

(2) ゆきは どのように つもりましたか。一つに ○を つけましょう。 10てん
㋐（ ）とんとん
㋑（○）ずんずん
㋒（ ）しとしと

(3) べたゆきが ふった あとに どんな ゆきが ふりましたか。 10てん
（ぼたゆき）が ふった。

(4) ざらめゆきに なると もう すぐ どんな きせつに なりますか。 10てん
（はる）に なる。

じゅんび 92~93ページ
はじめて しった 学校の こと／ことばの ひろば③ ことばで つたえよう

かきトリ あたらしい かん字
きょうかしょ 111ページ
入 ニュウ　い・る　い・れる　はいる　2かく
いえに 入《はい》る

「入」と「人」は かたちが にて いるよ。まちがわないように 気を つけよう。

1 （ ）に よみがなを かきましょう。
① へやに 入（はい）る。 ② 入（い）り口

2 □に かん字を かきましょう。
① かごに 入《い》れる。
② 入《にゅう》学

3 正しい いみに ○を つけましょう。（はじめて しった 学校の こと）
① ていねいな ことばづかい。
㋐（ ）おおざっぱ。
㋑（○）れいぎ 正しい。

4 なつこさんが かいた メモの ①・②に あてはまる ことばを かきましょう。（はじめて しった 学校の こと）

きいた あいて	先生
しつもん	（①）に して いる こと。
きいた こと	みんなが かいた （②）を よむ こと。

①（たのしみ）
②（さく文）

5 つぎの クイズの こたえを □の 中の あ～えから えらんで かきましょう。（ことばで つたえよう）
① 白くて ほそながい ものを つゆに つけて たべる。ながして たべる ことも あるよ。
こたえ（い）
② 小さくて ころころして いろいろな あじや かたちの ものが ある。口に 入れると だんだん とけて くるよ。
こたえ（あ）

㋐ あめ　㋑ そうめん　㋒ せんべい　㋓ おにぎり

---

3 「だれが どう した」という構造の文です。絵を見て、「だれが」「どんなことをして」いるか確認《かくにん》しましょう。
「だれが」は主語、「どう した」は述語です。

4 (1)「はつゆき ふった」の次の行に着目します。「こなゆき だった」とありま す。「こなゆき」とは、粉のように小さく、さらさらした雪のことです。
(2)どのように積もったのかが表現されている行を探してみましょう。
「のしのし」は、雪の降る様子、「ずんずん」が雪の積もる様子を表現しています。
(3)べたゆきが降ったあとについての問いですから、「べたゆき ふって」のあとに着目してみましょう。
(4)「ざらめゆきに なって」のあとに「もう すぐ はるだ」とあります。

3 教科書の本文に登場する語句で、意味がわからないものは、辞書で調べてみるとよいでしょう。「ていねいな」は、「ていねい」で調べます。

4 聞いたことを正しく伝えるためには、メモをとることが重要です。何について聞いたのかを考えながらメモを読みましょう。

5 ①「白くて」という色や、「ほそながい」という形を参考にして考えます。そのほか、「つゆに つけて たべる」「ながして たべる」など、食べ方についての説明からもわかります。
②「小さくて」「ころころして」という「いろいろ」ある形や、「いろいろ」ある味、「口に 入れると だんだん とけて くる」という食べたときの感じから考えましょう。

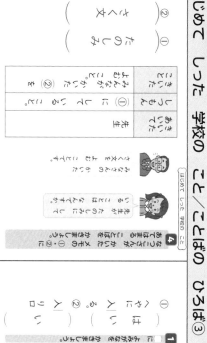

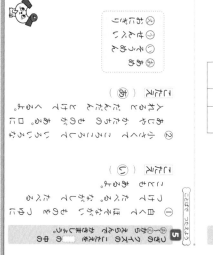

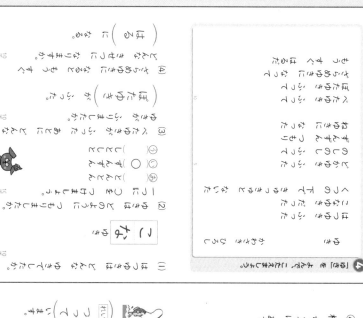

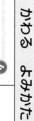

じゅんび　94~95ページ
おもい出の　アルバム／かん字の　ひろば④　にて　いる　かん字／ことば……

かきトリ　あたらしい　かん字

石（5かく）　石を　ひろう。
犬（4かく）　犬が　ほえる。
王（4かく）　王さま
町（7かく）　町へ　いく。
森（12かく）　森で　あそぶ。
貝（7かく）　貝がら

3　ぶんしょうを　よんで、こたえましょう。（おもい出の　アルバム）

およげるように　なった　こと

わたしの　なつの　おもい出は、およげるように　なった　ことです。プールで　まい日　れんしゅうしました。あにが、「からだの　力を　ぬくと、水に　うきやすいよ。」と、おしえて　くれました。ひとりで　およげた　ときは　うれしかったです。つぎは、おうちの　人に　見せたいと　おもいます。

① 「つぎは、おうちの　人に　見せたいと　おもいます。」は　まとまりに　わけると　どんな　ことを　つたえる　ときの　いいかたですか。一つに　○を　つけましょう。
あ（　）おねがい　したい　こと。
い（　）やめて　ほしい　こと。
う（○）おもって　いる　こと。

1　□に　よみがなを　かきましょう。
足（7かく）　足あと
① 右の　足。（あし）　② 犬を　かう。（いぬ）

2　□に　かん字を　かきましょう。
① 白い　貝《かい》がら。　② 町《まち》に　すむ。　③ 王《おう》に　あう。　④ 森《もり》に　入る。

4　にて　いる　かん字に　気を　つけて、□に　かん字を　かきましょう。（にて　いる　かん字）
① 石《いし》を　右《みぎ》に　おく。　② 木《き》は　水《みず》を　すう。

5　えを　見て、しりとりに　なるように　あう　ことばを　かきましょう。（しりとりで　あそぼう）

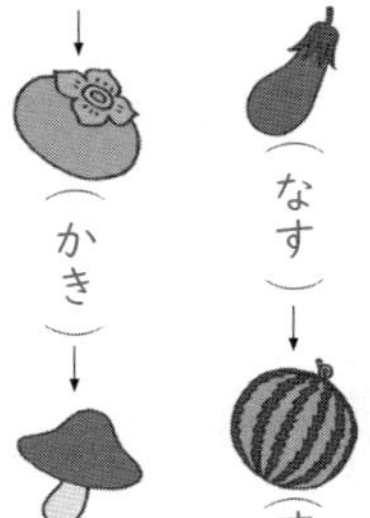

（なす）→（すいか）
（かき）→（きのこ）

たしかめのテスト　96~97ページ
おもい出の　アルバム　～　ことばの　ぶんか②　しりとりで　あそぼう

1　（　）に　よみがなを　かきましょう。　一つ5てん（20てん）
① 王の　いす。（おう）　② 大きな　町。（まち）
③ まるい　石。（いし）　④ 森の　中。（もり）

2　□に　かん字を　かきましょう。　一つ5てん（15てん）
① 右　足《あし》　② 犬《いぬ》が　なく。
③ すなはまで　貝《かい》がらを　ひろう。

3　おなじ　ぶぶんが　ある　かん字を　□から　えらんで　□に　かきましょう。　一つ10てん（20てん）
草・目・村・大
① 木 → 村・校
② 日 → 百・草

4　つぎの　しりとりを　かんせいさせましょう。　かんとう15てん
とけい → けいさつ → さつまいも

5　ぶんしょうを　よんで、こたえましょう。　思考・判断・表現

さかあがりが　できた
なつかわ　まゆ

わたしの　いちばんの　おもい出は、さかあがりが　できるように　なった　ことです。
はじめは、ぜんぜん　できなくて、てのひらが　いたく　なりました。まい日　れんしゅうしたので、てのひらに　まめが　できました。さかいさんが、「てつぼうに、おなかを　くっつけたままに　すると　いいよ。」と、おしえて　くれました。

なつかわ　まゆ「さかあがりが　できた」（「おもい出の　アルバム」より）

(1) いちばんの　おもい出は、なにが　できるように　なった　ことですか。　10てん
（さかあがり）

(2) 「てのひらに　まめが　できました。」と　ありますが、どのくらい　れんしゅう　しましたか。一つに　○を　つけましょう。　10てん
あ（　）一しゅうかんに　一かい。
い（　）三日に　一かい。
う（○）まい日。

(3) なつかわさんの　ぶんしょうの　よい　ところを　かきましょう。　10てん
［れい］一ばん　つたえたい　ことを　はじめに　かいて　いる　ところ。

3　「～たいとおもいます。」は、思っていることを伝えるときの言い方です。ほかには、「～と　おもう。」「～たいです。」などがあります。自分の思いを伝えるときに、大事な言い方なので、使えるようにしておきましょう。

4　漢字には、形が似ているものがあります。書き間違《ちが》えないように、気をつけましょう。
①「石」と「右」、②の「木」と「水」のほかに、
・「白」と「百」
・「木」と「本」
・「大」と「犬」
・「王」と「玉」
などがあります。

5　仲間の言葉だけでつないでいくしりとりです。食べ物だけでつないでいきましょう。言葉を集める楽しさを知り、語彙《ごい》力をつけましょう。

3　同じ部分がある似ている漢字を書くときは、違いに気をつけて書き、読み方も確《かく》認《にん》しておきましょう。

4　言葉の最後の二文字を使ってするしりとりです。例えば、「さつまいも」の次は、「いもむし」→「むしとり」→「とりにく」などと、続けてみましょう。

5　(3)ほかには、
［れい２］つたえたい　ことを　はっきりと　かいて　いる　ところ。
［れい３］つたえたい　ことを　まとまりに　わけて　かいて　いる　ところ。
なども正解とします。

おうちのかたへ

「おもい出の　アルバム」では、テーマに合わせ、思い出を書いてみましょう。思い出を書くには、まず思い出したことを、メモに書き出して、その中で一番伝えたいことは何かを考えましょう。
メモをもとに文章を書いてみます。思い出の出来事は、日付や時間の順番に書き、最後に思ったことを言い方に気をつけて書きましょう。

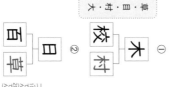

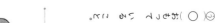

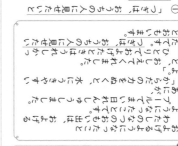

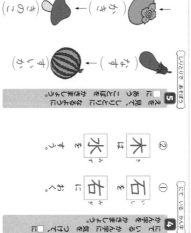

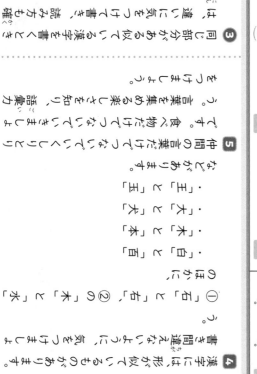

じゅんび　98~99ページ
お手がみ

1 □に よみがなを かきましょう。

① 一人《ひとり》で 見る。② 二人《ふたり》で いく。

2 つぎの ことばを つかって 文を つくりましょう。

・まだ
（れい）まだ あめが ふって いる。

・きっと
（れい）きっと あしたは はれるはずだ。

3 正しい いみに ○を つけましょう。

① 十二じだ。つまり、ごはんの じかんだ。
　あ（○）いいかえると。

　い（　）はんたいに。

② いすに こしを おろして 休む。
　あ（　）もたれて。

　い（○）すわって。

③ そうじは ぼくに まかせて ほしい。
　あ（○）かわりに やらせて。

　い（　）ずっと そうだんして。

④ しんあいなる かえるくんへ。
　あ（　）とても つよい。

　い（○）したしい ともだちで ある。

4 正しい ほうを それぞれ えらび、上と 下を ――《せん》で むすびましょう。

① お手がみを まって いるのは だれですか。 ― がまくん（かたつむりくん）
② お手がみを はこんだのは だれですか。 ― かたつむりくん（かえるくん）
③ お手がみを もらったのは だれですか。 ― がまくん（かえるくん）

3分でワンポイント　がまくんたちの した ことと、気もちを たしかめよう。

★①～③の（　）に あう 気もちを □の中から えらんで、記ごうを かきましょう。

気もち	がまくんと かえるくんの した こと
（イ①）	がまくん お手がみを もらった ことが ない、といった。
（ア③　ウ②）	がまくん お手がみが くるのを まちずに おひるねを して いた。 かえるくん がまくんに お手がみを だした、といった。 ふたり お手がみが くるのを まった。

ア しあわせ　イ かなしい　ウ あきあき

2 「まだ」は「現時点で実現されていない様子」や「ある状態が続いている様子」などを表す言葉です。「きっと」は「あることが実現する可能性が高いという気持ち」を表す言葉です。文章中での使われ方を参考にして文を作ってみましょう。正しい使い方で文が作られていれば、正解とします。

3 ①あとに「つまり」という言いかえを示す言葉があることに注目しましょう。

3分でワンポイント

「お手がみ（アーノルド＝ロベール）」では、場面ごとに、がまくんとかえるくんの行動や気持ちを表した言葉に着目して、読みましょう。

① がまくんは、悲しそうに手がみを待っています。がまくんは、手がみを一度ももらったことがありません。

② がまくんは、手がみを待つのにあきてしまい、おひるねをしています。

③ かえるくんは、がまくんに手がみを出しました。二人は、幸せな気持ちで手がみがくるのを待っています。

れんしゅう　100~101ページ
お手がみ

文しょうを よんで、こたえましょう。

がまくんは、げんかんの まえに すわって いました。

かえるくんが やって きて、いいました。

「どう したんだい、がまがえるくん。きみ、かなしそうだね。」

「うん、そうなんだ。」

がまくんが いいました。

「いま、一日の うちの かなしい ときなんだ。つまり、お手がみを まつ じかんなんだ。そう なると、いつも ぼく、とても ふしあわせな 気もちに なるんだよ。」

「そりゃ、どういう わけ。」

かえるくんが たずねました。

「だって、ぼく、お手がみ もらった こと ないんだもの。」

がまくんが いいました。

「一どもかい。」

かえるくんが たずねました。

「ああ。一ども。」

がまくんが いいました。

「だれも、ぼくに お手がみなんか くれた ことが ないんだ。毎日《まい》、ぼくの ゆうびんうけは 空っぽさ。手がみを まって いる ときが かなしいのは、その ためなのさ。」

二人とも、かなしい 気分《ぶん》で、げんかんの まえに こしを おろして いました。

アーノルド＝ローベル 文・え／みき たく やく「お手がみ」より

1 「かえるくんが やって きて」と ありますが、この とき、がまくんは どこに すわって いましたか。

（げんかん）の（まえ）。

2 「かえるくんが やって きて」と ありますが、この とき がまくんは どんな ようすに 見えましたか。

かなしそう な ようす。

ヒント かえるくんの ことばに ちゅうもくしよう。

3 お手がみを まつ とき、がまくんが 「ふしあわせな 気もち」に なるのは、なぜですか。一つに ○を つけましょう。

あ（　）だれも お手がみの へんじを くれないから。

い（　）一日の うちで 一ばん つかれる ときだから。

う（○）一ども お手がみが とどいた ことが ないから。

4 「こしを おろして いました。」と ありますが、この ときの 二人の ようす 一つに ○を つけましょう。

あ（○）だまって おちこんで いる。

い（　）げん気を 出そうと して いる。

う（　）うるさく おこって いる。

ヒント 二人は どんな 気分で げんかんに いたのかな。

1 お話を読むときは、場面ごとに登場人物のいる場所をつかむことが大切です。この文章では、最初の一文に書かれています。がまくんが、げんかんの前にすわっているところに、かえるくんがやってきたことを読み取りましょう。

2 かえるくんが、がまくんに「きみ、かなしそうだね。」と言っています。

3 がまくんが「一ども」「お手がみ もらった こと ない」と言っていることに着目します。「お手がみの へんじを くれない」や、「一ばん つかれる とき」は、お話の内容に合っていません。

4 「こしを おろして いました。」の前に着目します。「二人とも、かなしい気分で」とあるので、「げん気を 出そうと して いる」や「うるさく おこって いる」は合っていません。

たしかめのテスト　102~103ページ

お手がみ

文しょうを　よんで、こたえましょう。　思考・判断・表現

「かえるくん、どうして　きみ、ずっと　まどの　そとを　見て　いるの。」

がまくんが　たずねました。

「だって、いま、ぼく、手がみを　まって　いるんだもの。」

かえるくんが　いいました。

「でも、きや　しないよ。」

がまくんが　いいました。

「きっと　くるよ。」

かえるくんが　いいました。

「だって、ぼくが、きみに　手がみ　出したんだもの。」

「きみが。」

がまくんが　いいました。

「手がみに、なんて　かいたの。」

かえるくんが　いいました。

「ぼくは、こう　かいたんだ。

『しんあいなる　がまがえるくん。ぼくは、きみが　ぼくの　しんゆうで　ある　ことを　うれしく　おもって　います。きみの　しんゆう、かえる。』」

「ああ、」

がまくんが　いいました。

「とても　いい　手がみだ。」

それから　二人は、げんかんに　出て、手がみの　くるのを　まって　いました。二人とも、とても　しあわせな　気もちで、そこに　すわって　いました。

アーノルド＝ローベル　文・え／みき　たく　やく「お手がみ」より

1 よく出る　かえるくんが、ずっと　まどの　そとを　見て　いるのは、なぜですか。　一つ10てん（20てん）

手がみ　を　まって　いるから。

2 「きみが。」と　いった　とき、がまくんは　どんな　ようすでしたか。一つに　○を　つけましょう。　15てん

あ（　）しんぱいして　いる　ようす。

い（　）はしゃいで　いる　ようす。

う（○）びっくりして　いる　ようす。

3 できたらスゴイ！　かえるくんは、手がみの　中で、どんな　ことを　うれしく　おもうと　かいて　いましたか。　20てん

（がまくんが、ぼくの　しんゆうで　ある　こと。）

4 「ああ、」と　いった　ときの　がまくんは　どんな　気もちでしたか。二つに　○を　つけましょう。　一つ8てん（16てん）

あ（○）かんどう　い（　）ふしぎ
う（○）よろこび　え（　）がっかり

5 できたらスゴイ！　手がみを　まって　いる　とき、二人は　どんな　気もちでしたか。　15てん

（とても　しあわせな　気もち。）

6 この　おはなしの　あと、がまくんは、かえるくんの　ことを　どう　おもったと　おもいますか。　14てん

（れい　ずっと　しんゆうで　いて　ほしいと　おもった。）

たしかめのテスト　104ページ

ひろがることば　これまで　これから

1 えに　あう　ことばを　□から　えらんで　かきましょう。　一つ20てん（60てん）

（さつまいも）　（くじら）　（ポンプ車）

くじら　キャベツ　ポンプ車　えんぴつ　けしゴム　山　さつまいも　オムライス

2 つぎの　いいかたを　して　いる　ことばを　あ～うから　えらんで　かきましょう。　一つ20てん（40てん）

① たずねる　ときの　いいかた。（う）
② おもって　いる　ことを　つたえる　ときの　いいかた。（あ）

あ つぎは　ともだちに　見せたいと　おもいます。
い わたしは　先生に　おはなしを　ききました。
う すきな　ことは　なんですか。

---

1 かえるくんが「ぼく、手がみを　まって　いるんだもの。」と答えています。

2 がまくんは、だれかが自分に手紙をくれるとは思っていません。

3 「しんゆうで　ある　ことを　うれしく　おもって　います。」とあります。

4 「とても　いい　手がみだ。」と喜び、感動から思わず言ったのです。

5 「二人とも、とても　しあわせな　気もち」とあります。

6 がまくんが「しあわせな　気もち」でいることから、感謝や親愛の思いを書きましょう。次のような文も正解です。

れい2　ずっと　なかよく　して　ほしいと　おもった。

おうちのかたへ

「お手がみ」は「がまくん」と「かえるくん」の会話文が中心となっています。場面ごとに、がまくんとかえるくんの様子や気持ちを表した言葉に着目して読みましょう。会話文は「　」で示されていることを確認《かくにん》し、それぞれの会話文が「だれ」の発言であるかを、ひとつひとつ順番に確認してみましょう。

2 ①たずねるときは「～ですか。」など「～か」の形になることを確認しましょう。
②思っていることを伝えるときは「～とおもいます。」の形になることを確認しましょう。

おうちのかたへ

ここまでにたくさんの言葉が登場しました。「ひらがな」や「かたかな」のほか、かたかなののばす音や、濁音《だくおん》や促音《そくおん》、漢字などを学習してきました。これからさらにたくさんの言葉が出てきます。言葉に親しみながら、その意味だけでなく、正しい使い方も一緒《いっしょ》に学んでいきましょう。

自分の気持ちを伝える言い方や、何かをたずねるときの言い方、日常でのあいさつなど、生活の中に言葉はあふれています。たくさんの言葉を知ることで、より豊かな表現ができるようになります。

なつの チャレンジテスト《ちゃれんじてすと》

きょうかしょ 上1～93ページ

なまえ

がつ　にち

じかん 40ぷん

思考・判断・表現 ／50

ごうかく80てん ／100

こたえ27ページ

1 えに あう ことばを かきましょう。 ひとつ3てん(6てん)

①  でんしゃ

②  はっぱ

2 □に あう「は・を・へ」を かきましょう。 ひとつ2てん(6てん)

① ぼく［は］、もも［を］ たべた。

② わたし［は］、やま［へ］ いく。

3 かぞくの よびかたに なるように、□に ただしい じを かきましょう。 ひとつ2てん(6てん)

① おか［あ］さん

② おね［え］さん

③ いも［う］と

4 つぎの えを みて（　）に いれる ことばを かきましょう。 ひとつ5てん(15てん)

① 

② 

①（いぬ）が ちょうを おいかける。

②（ねこ）が きの したで（ねる(ねむる)）。

5 つぎの ばめんで つかう あいさつを、あ～おから えらんで（　）に きごうを かきましょう。 ひとつ5てん(15てん)

①（お）あさ、せんせいに あった とき。

②（あ）ごはんを たべる とき。

③（い）がっこうから いえに かえる とき。

あ いただきます。
い さようなら。
う しつれいします。
え おはよう。
お おはようございます。

※うらにも もんだいが あります。

6 思考・判断・表現 しを よんで、こたえましょう。

あくしゅ

あくしゅは
てと ての でんわ
ことばが つたわる
こころが つながる

あくしゅは
てと ての でんわ
きれたあとまで
あたたかい

武鹿 悦子《えつこ》「たけのこ ぐん!」より

(1) あくしゅは なにのように みえますか。□に あう ことばを かきましょう。 かんとう8てん

［て］と［て］の でんわ。

(2) あくしゅを した あいてとは なにが つながりますか。 8てん

（こころ）

(3) あくしゅを した あと、どんな きもちに なりますか。一《ひと》つに ○を つけましょう。 8てん

あ（○）うれしい きもち。
い（　）はずかしい きもち。
う（　）かなしい きもち。

7 思考・判断・表現 しを よんで、こたえましょう。

ゆうひ

ビル《びる》の おくじょうに
おいてきぼりの クレーン《くれえん》 2だい
くびを のばして
ゆうひを みてる

かぜの さばくに
すみついた キリン《きりん》が 2とう
くびを のばして
ゆうひを みてる

武鹿 悦子《えつこ》「たけのこ ぐん!」より

(1) クレーンは なにに にて いますか。 8てん

（きりん(キリン)）

(2) クレーンは なにを みて いますか。一つに ○を つけましょう。 8てん

あ（　）ビル
い（○）ゆうひ
う（　）さばく

(3) 「ゆうひ」の する ふうけいは、どんな かんじの ふうけいですか。 10てん

れい さびしい かんじ。

2 ①文のはじめの「だれ」「何」には「は」「が」がついて、何かをした人や物を表します。「もも」は物の名前なので、「何を」の「を」が入ります。

②「わたし」は人なので「だれは」の「は」が入ります。「やま」は場所なので、「どこへ」の「へ」が入ります。あてはめてみて、不自然でないかどうか確かめましょう。

3 ②エ段をのばすときには、「え」「い」のどちらかになります。

③オ段をのばすときには、「う」「お」のどちらかになります。

4 ①絵には「犬」と「ちょう」がいるので、追うほうと追われるほうの関係をつかみましょう。

②絵を見て、木の下にいる何が、どうしているかをつかみましょう。

5 ①朝、友達に会ったのならば「おはよう。」でかまいませんが、先生に対しては「おはようございます。」になります。

②食べ終わったときの「ごちそうさまでした。」も確かめておくとよいでしょう。

③別れのあいさつ「さようなら。」には、相手による違《ちが》いがありません。

6 (1)「あくしゅ」を「てと ての でんわ」とたとえています。握手《あくしゅ》でつなぐのは、実際《か》には手と手ですが、電話のように何か言葉を交《か》わしたような感じがすることを表しています。

(2)「つながる」という言葉に着目しましょう。「こころが つながる」とあります。相手と気持ちが通じて、親しくなった感じがするのです。

(3)「あたたかい」と表現されています。「きれたあとまで」ですから、うれしい気持ちは続いているのです。

7 (1)「クレーン 2だい」と「キリンが 2とう」、どちらも二つで、どちらも「くびを のばして／ゆうひを みてる」ことに注目しましょう。

(2)「ゆうひを みてる」と書かれています。「かぜの さばくに／すみついた」は、その日の作業を終えて、ビルの屋上にぽつんと置いてきぼりにされ、ただ風に吹《ふ》かれている寂《さび》しい感じを表しています。

(3)「ゆうひ」は昼間の終わりを示しています。だんだん明るくなっていく朝日とちがい、暗くなっていく様子を想像してみましょう。

おうちのかたへ

詩を読む問題では、体験したことや見たことがあるものを思い出し、それがどう表現されているのかを味わいましょう。

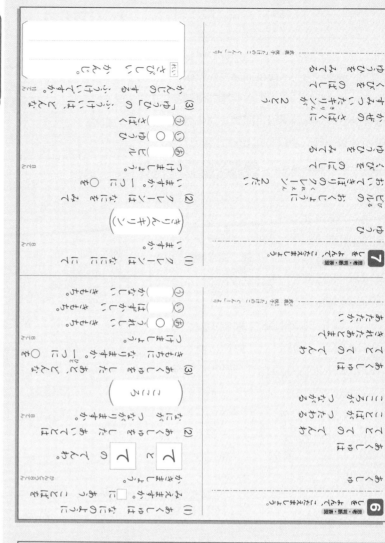

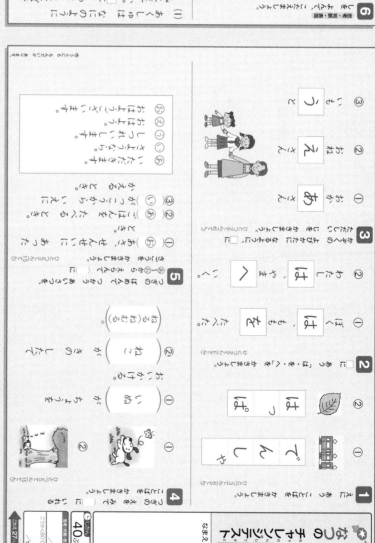

ふゆの チャレンジテスト

きょうかしょ上94～下85ページ

名まえ　月　日

じかん 40ぷん

思考・判断・表現 ／50

ごうかく80てん ／100

こたえ28ページ

1 （　）に よみがなを かきましょう。 一つ2てん(10てん)

① 二月（にがつ）の 二十日（はつか）は、金（きん）よう日だ。

② 木（き）を きる 音（おと）が する。

2 □に かん字を かきましょう。 一つ2てん(10てん)

① 青《あお》い 空《そら》と 水《みず》。

② 先生《せんせい》と 目《め》が あう。

3 れいに ならって、えの かずを かん字を つかって かきましょう。 一つ3てん(6てん)

れい （二まい）

① （五ほん）

② （四だい）

4 つぎの えの 中から かたかなで かく ことばを 三つ 見つけて かきましょう。 一つ3てん(9てん)

〈順不同〉 （シーソー） （ケーキ） （パンダ）

5 つぎの メモを よんで、あとの 文の ①～③に はいる ことばを かきましょう。 一つ5てん(15てん)

メモ
・じどう車の 名まえ…トラック
・やくわり…たくさんの ものを はこぶ。
・つくり…おもさに つよい。

（①）は、（②）を はこぶ のりものです。ですから、（③）に つよい つくりに なって います。

① （トラック）

② （たくさんの もの）

③ （おもさ）

うらにも もんだいが あります。

6 思考・判断・表現 文しょうを よんで、こたえましょう。

ある 日《ひ》の こと、おけやさんは、大《おお》きな 大きな ふろおけの たがを しめて いました。ところが、なんの はずみか、その ふとい たがが ビーンと はじけたから たまりません。おけやさんは、空《そら》 たかく はじきとばされて しまいました。

あれよ あれよと いって いる まに、おっこちた ところが、かさやさんの みせの まえ。

かさやさんが、とび出《だ》して きて いいました。

「こりゃあ、天《てん》からの さずかりもんだ。さっそく、わしんところの しごとを して もらおうかい。」

その しごとと いうのは、ならべて ほした かさの 見《み》はりばんでした。

いままでの しごとに くらべたら、なんとも らくな ものです。

おけやさんは、いい 気もちで、うつら うつらと して いました。

すると、そこへ、いきなり つむじかぜが ふいて きて、かさが ふわっと まい上《あ》がりました。

「こりゃ、まて、かさ まて。」

おけやさんは、とんで いく かさを、あわてて 二、三本《さんぼん》 つかまえましたが、その とたん、かさと いっしょに 空へ ふき上げられました。

みずたに しょうぞう「天に のぼった おけやさん」より

(1) 「空 たかく はじきとばされて」と ありますが、おけやさんが 空 たかく はじきとばされたのは なぜですか。 かんとう10てん

おけやさんが しめて いた ふろおけの （たが）が （ビーン）と はじけたから。

(2) 「天からの さずかりもん」とは、だれの ことですか。 10てん

（おけやさん）

(3) 「かさの 見はりばん」の しごとを おけやさんは どう おもいましたか。一つに ○を つけましょう。 10てん

あ（○）いままでの しごとよりも ずっと らくだ。

い（　）いままでの しごとよりも ずっと たいへんだ。

う（　）いままでの しごとと おなじくらい らくだ。

(4) 「空へ ふき上げられました。」と ありますが、おけやさんは この とき どんな 気もちに なったと おもいますか。 20てん

れい ふあんな 気もち。

---

1 ①「二十日」は特別な読み方をする言葉です。

2 ②「目」を「日」と間違《ちが》えないようにしましょう。

3 ①大根は長いものなので「本」と数えます。

②車や機械は「台」と数えます。「四」は、お皿、大根、車を数える場合は「よん」と読みますが、人を数える場合は「四人」となり「よにん」と読みます。

4 外国から入ってきたものは、かたかなで書きます。「シ」と「ツ」、「ソ」と「ン」、「ク」と「ケ」のように、形が似ている紛《まぎ》らわしいかたかなは、線の向きや長さに注意して書き分けましょう。

5 ①ここで説明しようとしている自動車の名前を書きましょう。「ラ」を「ウ」、「ツ」を「シ」、「ク」を「ワ」と書き間違えないように、点や線の向きに注意して書きましょう。

②トラックが何を運ぶのか、運ぶ物を書きましょう。

③何に強いつくりなのか、強さについて書きましょう。

6 (1)主人公のおけやさんがしめていたものについては「ふろおけの たがを しめて いました。」とあります。はじき飛ばされた理由は「なんの はずみか、その ふとい たがが ビーンと はじけたから」とあります。

(2)「だれ」と聞かれた場合は、登場人物の名前を答えましょう。かさやさんは天から落ちてきたおけやさんを見て「天からの さずかりもん」と言っています。

(3)おけやさんの今までの仕事については「おけやさんは、大きな 大きな ふろおけの たがを しめて いました。」とあります。「かさの 見はりばん」の仕事は、「いままでの しごとに くらべたら、なんとも らくな ものです。」という言葉に着目しましょう。

(4)おけやさんは、たがではじき飛ばされて、かさやさんのところに飛ばされてきていました。今回もかさと一緒《いっしょ》に、吹《ふ》き上げられてしまったことへの驚《おどろ》きや、またどこかへ飛ばされてしまうのではないかという不安な気持ちなどを書くとよいでしょう。

おうちのかたへ

「天にのぼったおけやさん」は、昔から語り継《つ》がれてきた「昔話」です。主人公のおけやさんが場所を移動するごとに、登場人物、場面が変化することに着目させて、読み取るようにするとよいでしょう。

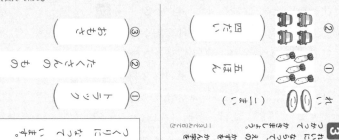

はるの　チャレンジテスト

きょうかしょ　下86〜140ページ

名まえ

月　日

じかん　40ぷん

思考・判断・表現　／50

ごうかく80てん　／100

こたえ29ページ

1　（　）に　よみがなを　かきましょう。　一つ1てん（4てん）

①（もり）（いし）
森で　石を　ひろう。

②（ふたり）（まち）
二人で　町に　いく。

2　□に　かん字を　かきましょう。　一つ2てん（10てん）

①　白い　犬《いぬ》と　あそぶ。

②　貝《かい》がらが　足《た》りない。

③　草《くさ》むらに　入《はい》る。

3　（　）に　――の　ぶぶんの　かん字の　よみがなを　かきましょう。　一つ1てん（4てん）

①　小学校（がっこう）　②　中学生（がく）

③　玉入れ（たま）　④　しゃぼん玉（だま）

4　つぎの　えに　あう　文を　つくりましょう。　一つ6てん（12てん）

①

②

①　男の子が　プールで
（およいで）　います。

②　女の子が　うれしそうに
（はしって　います）。

5　つぎの　文しょうは、だれかに　はなしを　きく　ときの　大じな　ことを　まとめて　います。（　）に　はいる　ことばを　あ〜かから　えらんで、きごうを　かきましょう。　一つ5てん（20てん）

（◯え）ことを　きめて　おき、先生や　年上の　人には、（②う）ことばで　はなす。よく　わからない　ときは、（③お）はなして　もらい、もっと　ききたい　ときは、（④あ）を　する。

あ　しつもん　い　やさしい
う　ていねいな　え　ききたい
お　もういちど　か　すばやく

うらにも　もんだいが　あります。

6　文しょうを　よんで、こたえましょう。　思考・判断・表現

ある　日、ぞうさんの　ところに、見《み》た　ことの　ない　うさぎさんが、やって　きました。

「はじめまして、こんにちは。きょう、この　森に　ひっこして　きました。よろしく。」

うさぎさんは、いそがしそうに　ぴょん　ぴょん　はねて、はがきを　四《よん》まい　わたしたのです。

「ゆうびんやさん、これを、いそいで　森の　みんなに　はいたつして　ください。」

（おや、いつから　わたしは、ゆうびんやさんに　なったのだろう。）

ぞうさんが、のんびり　かんがえはじめた　ときでした。

「赤い　おうちは、ゆうびんやさんでしょ。」

うさぎさんに　そう　いわれて、ぞうさんは、（そうか、それは　すてきだな。）と　おもいました。

うさぎさんが　かえってから、ぞうさんは、はがきを　つくえの　上に　ならべました。

「ほほう、かばさんと　しまうまさんと　ふくろうさんと　ぞうさんにだな。」

……おや、ぞうさんと　いうのは、もしかしたら　わたしの　ことだぞ。

ぞうさんは、うれしく　なりました。

かわきた　りょうじ「のんびり森の　ぞうさん」より

(1)　うさぎさんは　いつ　森に　ひっこして　きましたか。　8てん
（きょう）

(2)　うさぎさんが　ぞうさんの　ところに　きたのは、なぜですか。一つに　◯を　つけましょう。　8てん
あ（　）ぞうさんしか　しりあいが　いないから。
い（　）ぞうさんと　ともだちに　なりたいから。
う（◯）ゆうびんやさんだと　おもったから。

(3)　うさぎさんは、ぞうさんに　なにを　わたしましたか。　一つ8てん（16てん）
（はがき）を　（四）まい

(4)　うさぎさんが　かえってから　ぞうさんは　なにを　しましたか。一つに　◯を　つけましょう。　8てん
あ（　）はがきを　はいたつした。
い（◯）はがきを　つくえの　上に　ならべた。
う（　）はがきを　うさぎさんに　かえした。

(5)　ぞうさんが　うれしく　なったのは　なぜですか。　10てん
（れい）うさぎさんが　じぶんに　はがきを　くれたから。

1　②「二人」は特別な読み方をする言葉です。「一人」も一緒《いっしょ》に覚えておくとよいでしょう。

3　読み方が変わる漢字です。ほかの漢字との組み合わせにより、音がにごったり、つまる音になったりすることがあります。

4　①「どうして（いる）」の部分を答えましょう。ここでは、男の子が「どうして」いるのかを書きましょう。
②「どうして　います」の部分を答えます。①と違《ちが》って、「います」も書き入れます。ここでは、女の子が「どうして　います」を書きましょう。

5　①聞きに行く前の準備です。聞きたいことがあるから聞きに行くのですから、行き当たりばったりではうまくいきません。
②目上の人に対する言葉づかいです。話を聞かせていただくので、きちんとした言葉づかいで話すのがマナーです。
③わからないときは、わからないままにしておかず、きちんと聞き直します。
④あらかじめ決めておいたことしか聞けないわけではありません。話を聞くうちに、新しく聞きたいことが出てくることもあるでしょう。さらに質問をすれば、もっとおもしろい話が聞けるかもしれません。

6　(1)「きょう、この　森に　ひっこして　きました」とあるので、「いつ」という問いに対しては「きょう」と答えます。
(2)ぞうさんは、本当は郵便屋さんではないのですが、うさぎさんは、赤いおうちを見て、はがきの配達をたのみにきたのです。
(3)「はがきを　四まい　わたしたのです」からわかります。
(4)「うさぎさんが　かえってから、ぞうさんは、はがきを　つくえの　上に　ならべました」とあります。このあと、かばさんとしまうまさんと、ふくろうさんに配達したかもしれませんが、この場面には書かれていません。
(5)ぞうさんがうれしくなったのは、うさぎさんの四枚のはがきを見ていて、「おや、ぞうさんと　いうのは、もしかしたら　わたしの　ことだぞ」と気づいたからです。

おうちのかたへ

物語では、「　」に注目して、「いつ」「だれが」言ったことなのかを考えたり、どんな気持ちで言ったのかを想像したりして、読み方をくふうすると、登場人物の様子や気持ちが読み取りやすくなります。

1年 こくごのまとめ
学力しんだんテスト

名まえ　　月　日

じかん 40ぷん　ごうかく70てん　／100

こたえ30ページ

1 （　）に　よみがなを　かきましょう。　一つ3てん(12てん)

① 九（きゅう）ひきの　こねこが　生（う）まれた。

② 虫（むし）の　こえに　耳（みみ）を　すます。

2 □に　かん字を　かきましょう。　一つ4てん(8てん)

① 百《ひゃく》年まえの　できごと。

② 竹《たけ》ひごに　糸を　むすぶ。

3 かたかなで　かく　ことばの　よこに　――を　ひき、（　）に　かたかなで　かきましょう。　一つ5てん(15てん)

① きゃべつを　やおやで　かう。（キャベツ）

② れいぞうこに　ぷりんが　ある。（プリン）

③ こっぷを　たなから　出す。（コップ）

4 つぎの　文しょうは、なおきさんが　かいた　にっきです。よく　よんで、あとの　もんだいに　こたえましょう。　15てん

> あさから、ぼくわ、じぶんの
> へやの　□を　しました。
> ゆかを　ほおきで　はいた
> あと、ぞうきんで、
> ぴかぴかに　ふきました。
> きれいに　なって、
> うれしかったです。

① かなづかいが　まちがって　いる　字に　×を　つけ、□に　正しい　字を　かきましょう。二つ　あります。　一つ5てん(10てん)

じゅんに　は　う

② □に　あう　ことばを　かんがえて　三字で　こたえましょう。　2てん

そうじ

③ なおきさんが、じぶんの　気もちを　あらわした　ことばを、六字で　ぬき出しましょう。　3てん

うれしかった

うらにも　もんだいが　あります。

5 思考・判断・表現　文しょうを　よんで、こたえましょう。

おおばこの　くきは　みじかく、土の　なかに　あります。根《ね》は　なん本も　しっかり　のびて　います。
それで、ひとや　車に　ふまれても、くきは、おれたり　ちぎれたり　しません。
うんどうじょうや　ちゅうしゃじょうにも　おおばこが　はえて　います。
日本《にほん》アルプスのような　高《たか》い　山の　山小屋《や》の　まわりにも、おおばこが　みられます。
それでは、おおばこは、ひとや　車に　ふみつけられた　かたい　じめんの　ところが　すきで、やわらかい　土は　きらいなのでしょうか。
ほかの　草が　はえて　いない、やわらかい　土の　ところでは、おおばこも　大きく　そだちます。
ところが、こういう　ところには、せの　高く　なる　草も　はえて　くるので、せの　ひくい　おおばこには、太陽《たいよう》の　ひかりが　あたらなくなり、かれて　しまうのです。
おおばこは、せの　高く　なる　草が　そだたない　ところにしか　みられないのです。

真船《まふね》　和夫《かずお》「おおばことなかよし」より

(1) おおばこが、ふまれても　おれたり　ちぎれたり　しないのは　なぜですか。　一つ5てん(10てん)

くきが　みじかく、土　の　なかに　あるから。

(2) おおばこは　どんな　草ですか。二つに　○を　つけましょう。　一つ5てん(10てん)

あ（　）やわらかい　土が　きらい。
い（○）根は　なん本も　ある。
う（○）根ごと　かんたんに　ぬける。
え（○）せが　ひくい。

(3) おおばこは　どこに　はえて　いますか。三つに　○を　つけましょう。　一つ5てん(15てん)

あ（　）こうえん
い（○）高い　山
う（○）ちゅうしゃじょう
え（　）はたけ
お（○）うんどうじょう

(4) おおばこが　かたい　じめんの　ところで　よく　みられるのは、なぜですか。　15てん

（れい）せの　高く　なる　草が　そだたないから。

1 ①「生」は、送りがなによって読み方が変わるので気をつけましょう。

3 かたかなの言葉についての問題です。決まってかたかなで書く言葉がありますので、身の回りのいろいろなもので確かめておきましょう。

4 ①「ぼくは」「犬は」などというときは「は」と書きます。また、「ほうき」など、のばす音の書き方は言葉によって決まっているので、確かめておきましょう。

②次の段落に、具体的な内容が書かれています。ほうきで掃《は》いたり、ぞうきんで拭《ふ》いたりすることを何というか、考えましょう。

③「うれしい」「かなしい」「がっかりした」などが、気持ちを表す言葉です。ほかのお話も読んで、探してみましょう。

5 (1)第一、第二段落を見てみましょう。「おおばこの　くきは　みじかく、土の　なかに　あります。根は　なん本も　しっかり　のびて　います」とあり、「それで、ひとや　車に　ふまれても、くきは、おれたり　ちぎれたり　しません」と続いています。「それで」は原因を示す言い方で、前の部分に原因が書かれています。前の文の、くきについての説明をよく読みましょう。

(2)あ「やわらかい　土の　ところでは、おおばこも　大きく　そだちます」とあるので、あてはまりません。ただし、やわらかい土ではほかの草もよく育ち、背の高くなる草の陰《かげ》になってしまうので、おおばこは枯《か》れてしまうのです。

い「根は　なん本も　しっかり　のびて　います」とあります。

う「根は　なん本も　しっかり　のびて　います」とあるので、あてはまりません。

え「せの　ひくい　おおばこ」とあります。

(3)おおばこの生えている場所として、文章では「うんどうじょう」「ちゅうしゃじょう」「日本アルプスのような　高い　山の　山小屋の　まわり」が書かれています。

(4)文章の後半「それでは、おおばこは……」以降の部分をよく読みましょう。おおばこは、かたい地面が好きなわけではなく、かたい地面のような、ほかの草が育たないところでないと、枯れてしまい、育つことができないのです。

おうちのかたへ

解けなかったり、間違《ちが》えたりした問題は、答え合わせのあと、「てびき」を参考にしながら、もう一度チャレンジしてみましょう。

メモ

ふろく　とりはずしておつかいください。

かん字せんもんドリル

1年生で　ならう　かん字

テストに　よく　出る　もんだいに　ちょうせんしよう！

もくじ	このふろくのページ
1　あ行《ぎょう》の　かん字 か行の　かん字①	2～3
2　か行の　かん字② さ行の　かん字①	4～5
3　さ行の　かん字②	6～7
4　さ行の　かん字③ た行の　かん字	8～9
5　な行の　かん字 は行の　かん字 ま行の　かん字　　ら行の　かん字	10～11
6　一年生で　ならった　かん字	12～13
こたえ	14～15

1年　　くみ

テストに よくでる 1位《い》

1 あ行《ぎょう》の かん字 一・右・雨・円・王・音 / か行の かん字① 下・火・花・貝・学・気・九・休・玉・金

/100

1 ——せんの かん字の よみがなを かこう。 一つ4てん(32てん)

① いろいろな 音（　　）。

② 下（　　）から 見る。

③ 火（　　）ようびに なる。

④ 花（　　）を かざる。

⑤ 玉（　　）入れを する。

⑥ 一（　　）息《いき》で かく。

⑦ 円（　　）を えがく。

⑧ 空《くう》気（　　）が ある。

2 □に あう かん字を かこう。 一つ2てん(28てん)

① □《ひと》つだけ もつ。

② □《おう》さまに なる。

3 つぎの——せんを、かん字と ひらがなで かこう。 一つ5てん(40てん)

① ひとつの ボール。（　　）

② ひとつ ふやす。（　　）

③ やすんで ください。（　　）

④ あしたは やすみだ。（　　）

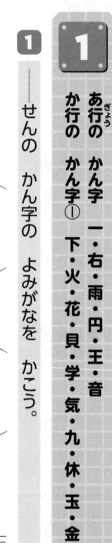

③ □《あめ》が ふる。

④ お□《かね》を ためる。

テストによくでる2位《い》

⑤ きれいな □《はな》。

⑥ □《きゅう》さいに なる。

⑦ □《がっ》校に いく。

⑧ □□□《いちえんだま》

⑨ □《きん》いろの コイン。

⑩ □《した》を むく。

テストによくでる3位《い》

⑪ □《みぎ》を むく。

⑫ □《ひ》を つける。

⑬ □《き》もちが わかる。

⑭ □《かい》がらを ひろう。

---

⑤ ここのつ かぞえる。
〔　　〕〔　　〕

⑥ ここのつめの たね。
〔　　〕〔　　〕

⑦ からだを やすめる。
〔　　〕〔　　〕

⑧ ひとつだけ とる。
〔　　〕〔　　〕

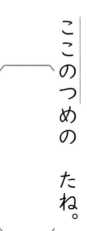

テストに よくでる 1位《い》

2 か行の　かん字②　空・月・犬・見・五・口・校
さ行の　かん字①　左・三・山・子・四・糸・字・耳・七

／100

1 ——せんの　かん字の　よみがなを　かこう。　一つ4てん(32てん)

① 学校に　かよう。（　　）

② 犬を　かう。（　　）

③ 空に　うかぶ。（　　）

④ 山に　のぼる。（　　）

⑤ まん月が　きれいだ。（　　）

⑥ 小さな　子ども。（　　）

⑦ 左を　見る。（　　）

⑧ 耳を　うたがう。（　　）

2 □に　あう　かん字を　かこう。　一つ2てん(28てん)

① □《そら》を　とびたい。

② □《いと》と　はり。

3 つぎの——せんを、かん字と　ひらがなで　かこう。　一つ5てん(40てん)

① いつつの　かぎ。（　　）

② じっと　みる。（　　）

③ げんきに　みえる。（　　）

④ すがたを　みせる。（　　）

③ □《つき》が　でる。

④ むずかしい　かん□《じ》。

テストによくでる2位《い》

⑤ □《いぬ》の　さんぽ。

⑥ テレビを　□《み》る。

⑦ どうろの　□《ひだり》がわ。

⑧ □《いつ》つの　おかし。

⑨ □《よん》まいの　え。

⑩ □《くち》を　あける。

テストによくでる3位《い》

⑪ □《こ》どもの　日《ひ》。

⑫ □□《しちがつ》に　なる。

⑬ □《やま》道《みち》を　あるく。

⑭ □《さん》かい　とびあがる。

---

⑤ みっつ　かぞえる。（　　　）

⑥ みっつの　いし。（　　　）

⑦ よっつの　やくそく。（　　　）

⑧ ななつの　子。（　　　）

3 さ行の かん字②

車・手・十・出・女・小・上・森・人・水・正・生・青・夕・石・赤

／100

1 ——せんの かん字の よみがなを かこう。

一つ4てん(32てん)

① おとなの 手。（　）

② 水ようび（　）

③ 上を 見る。（　）

④ じてん車に のる。（　）

⑤ 小さい 川《かわ》。（　）

⑥ 人の こえ。（　）

⑦ 赤とんぼ（　）

⑧ 森を まもる。（　）

2 □に あう かん字を かこう。

一つ2てん(28てん)

テストに よくでる 1位《い》

① □《じゅう》にん あつまる。

② □《ひと》びとの くらし。

3 つぎの——せんを、かん字と ひらがなで かこう。

一つ5てん(40てん)

① へやから でる。（　）

② はこから だす。（　）

③ ちいさい こえ。（　）

④ 手を あげる。（　）

③ つくえの □《うえ》。

④ すんだ □《あお》 ぞら。

テストに よくでる 2位《い》

⑤ □《て》を あわせる。

⑥ □《じっ》 かい よむ。

⑦ □《くるま》を うんてんする。

⑧ □《おんな》の子が わらう。

⑨ 一くみの □《せい》と。

⑩ 大きな □《もり》。

テストに よくでる 3位《い》

⑪ □《いし》を ひろう。

⑫ □《みず》が つめたい。

⑬ □《ゆう》やけが きれいだ。

⑭ □《すい》えいを おこなう。

---

⑤ ただしい しせい。

⑥ 子どもが うまれる。

⑦ あおい 目の 女の子。

⑧ あかい ぼうし。

4 さ行の かん字③ 千・川・先・早・草・足・村
た行の かん字 大・男・竹・中・虫・町・天・田・土

／100

1 ——せんの かん字の よみがなを かこう。 一つ4てん（32てん）

① （　　）男の子。

② （　　）中に はいる。

③ （　　）川が 見える。

④ しめった （　　）土。

⑤ （　　）千円 しはらう。

⑥ （　　）足音が きこえる。

⑦ （　　）町の おまつり。

⑧ （　　）大ごえを だす。

テストに よくでる 1位《い》

2 □に あう かん字を かこう。 一つ2てん（28てん）

① □□《せんせい》と はなす。

② □《むし》めがねで 見る。

3 つぎの ——せんを、かん字と ひらがなで かこう。 一つ5てん（40てん）

① おおきい 手。（　　）

② はやめに かえる。（　　）

③ まだ はやい じかんだ。（　　）

④ おおいに よろこぶ。（　　）

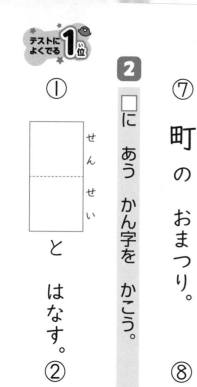

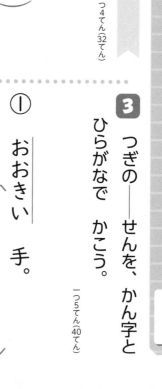

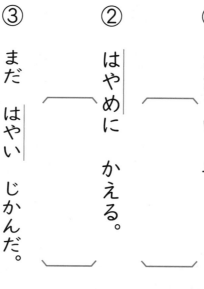

③ □《まち》たんけんを　する。

④ □《あし》が　つかれる。

テストに よくでる 2位《い》

⑤ □《くさ》むしりを　する。

⑥ □《むら》の　いいつたえ。

⑦ □《なか》を　のぞきこむ。

⑧ □《おとこ》の　人。

⑨ □《かわ》ぞこの　石。

⑩ □《たけ》とんぼで　あそぶ。

テストに よくでる 3位《い》

⑪ □《せん》ねんも　むかし。

⑫ □□《てんき》が　いい。

⑬ □《た》んぼの　かかし。

⑭ □《ど》よう日に　なる。

⑤ おおきな　きりかぶ。〔　　〕

⑥ よていが　はやまる。〔　　〕

⑦ 足を　はやめる。〔　　〕

⑧ おおきさを　はかる。〔　　〕

テストに よくでる 1位《い》

5

な行の かん字 二・日・入・年
は行の かん字 白・八・百・文・木・本
ま行の かん字 名・目 ら行の かん字 立・力・林・六

□／100

1 ――せんの かん字の よみがなを かこう。 一つ4てん(32てん)

① 二本の えんぴつ。

② 日が くれる。

③ 百円で かう。

④ 六月 六日

⑤ 八月 八日

⑥ 木せいと 土せい。

⑦ 白の えのぐ。

⑧ よく 目立つ。

2 □に あう かん字を かこう。 一つ2てん(28てん)

① □□《いちにち》の おわり。

② □□《ねんげつ》を かぞえる。

3 つぎの――せんを、かん字と ひらがなで かこう。 一つ5てん(40てん)

① 水を いれる。

② へやに はいる。

③ とても 気に いる。

④ しろい くつを はく。

テストに よくでる 2位《い》

③ □《ろく》まいの プリント。

④ □《もく》ようの できごと。

⑤ あかるい お□《ひ》さま。

⑥ □《め》ぐすりを さす。

⑦ □《ご》□《ねん》が すぎる。

⑧ □《しろ》ぐみが かつ。

⑨ □《ぶん》しょうを よむ。

⑩ □《はち》この あめ。

テストに よくでる 3位《い》

⑪ □《な》まえを かく。

⑫ □《き》に のぼる。

⑬ □《ちから》もちの 男。

⑭ □《はやし》の 中の いえ。

---

⑤ しっかり たつ。（　　）

⑥ むっつ かぞえる。（　　）

⑦ ふたつの もくひょう。（　　）

⑧ やっつ もって いる。（　　）

6 一年生で ならった かん字

／100

1 ――せんの かん字の よみがなを かこう。 一つ2てん(16てん)

① じどう車（　）に のる。

② 貝（　）がらを 見つける。

③ いい天気（　）が つづく。

④ 家《いえ》の中（　）を のぞく。

⑤ お金（　）を ためる。

⑥ 耳（　）が いたい。

⑦ つり糸（　）を むすぶ。

⑧ きれいな 青空（　）。

2 □に あう かん字を かこう。 一つ3てん(24てん)

① いろいろな □《おと》。

② □□《こいぬ》が うまれる。

4 つぎの――せんを、かん字と ひらがなで かこう。 一つ4てん(40てん)

① やすみを とる。（　）

② こたえが ただしい。（　）

③ ひとつだけ たべる。（　）

④ はやめに じゅんびする。（　）

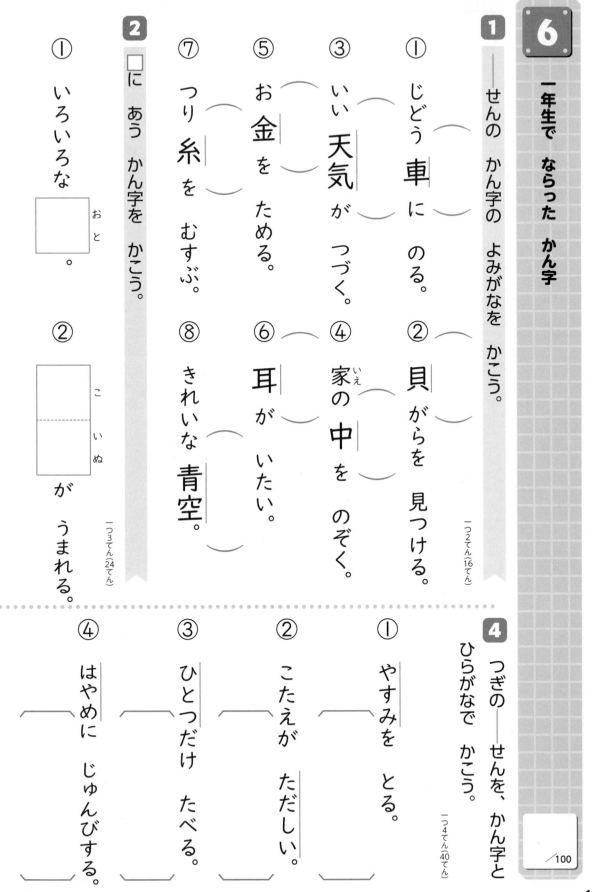

③ □《みぎ》を みる。

④ □□《ひだりて》で なげる。

⑤ □《あか》い 色《いろ》えんぴつ。

⑥ □□《せんえん》で 売る。

⑦ □《さき》に でる。

⑧ □《もり》で あそぶ。

3 つぎの かたちや しるしから できた かん字を かこう。

一つ5てん(20てん)

① 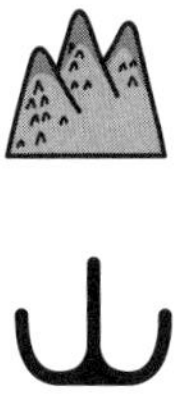 □

②  □

③  □

④  □

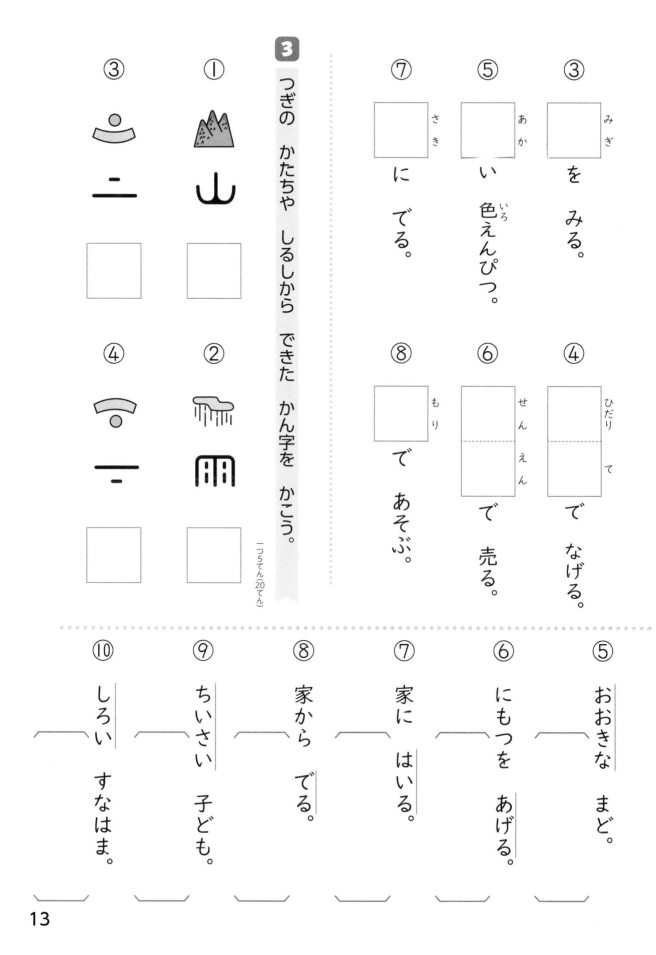

⑤ おおきな まど。（　　）

⑥ にもつを あげる。（　　）

⑦ 家に はいる。（　　）

⑧ 家から でる。（　　）

⑨ ちいさい 子ども。（　　）

⑩ しろい すなはま。（　　）

こたえ

1　2・3ページ

1
①おと ②した ③か ④はな ⑤たま ⑥ひと ⑦えん ⑧き

2
①一 ②王 ③雨 ④金 ⑤花 ⑥九 ⑦学 ⑧一円玉 ⑨金 ⑩下 ⑪右 ⑫火 ⑬気 ⑭貝

3
①一つ ②一つ ③休んで ④休み ⑤九つ ⑥九つ ⑦休める ⑧一つ

2　4・5ページ

1
①がっこう ②いぬ ③そら ④やま ⑤げつ ⑥こ ⑦ひだり ⑧みみ

2
①空 ②糸 ③月 ④字 ⑤犬 ⑥見 ⑦左 ⑧五 ⑨四 ⑩口 ⑪子 ⑫七月 ⑬山 ⑭三

3
①五つ ②見る ③見える ④見せる ⑤三つ ⑥三つ ⑦四つ ⑧七つ

3　6・7ページ

1
①て ②すい ③うえ ④しゃ ⑤ちい ⑥ひと ⑦あか ⑧もり

2
①十 ②人 ③上 ④青 ⑤手 ⑥十 ⑦車 ⑧女 ⑨生 ⑩森 ⑪石 ⑫水 ⑬夕 ⑭水

3
①出る ②出す ③小さい ④上げる ⑤正しい ⑥生まれる ⑦青い ⑧赤い

4　8・9ページ

1
①おとこ ②なか ③かわ ④つち ⑤せんえん ⑥あしおと ⑦まち ⑧おお

2
①先生 ②虫 ③町 ④足 ⑤草 ⑥村 ⑦中 ⑧男 ⑨川 ⑩竹 ⑪千 ⑫天気 ⑬田 ⑭土

3
①大きい ②早め ③早い ④大いに ⑤大きな ⑥早まる ⑦早める ⑧大きさ

5　10・11ページ

1
①にほん ②ひ ③ひゃくえん ④むいか ⑤ようか ⑥もく ⑦しろ ⑧めだ

2
①一日 ②年月 ③六 ④木 ⑤日 ⑥目 ⑦五年 ⑧白 ⑨文 ⑩八 ⑪名 ⑫木 ⑬力 ⑭林

3
①入れる ②入る ③入る ④白い ⑤立つ ⑥六つ ⑦二つ ⑧八つ

6　12・13ページ

1
①しゃ ②かい ③てんき ④なか ⑤かね ⑥みみ ⑦いと ⑧あおぞら

2
①音 ②子犬 ③右 ④左手 ⑤赤 ⑥千円 ⑦先 ⑧森

3
①山 ②雨 ③上 ④下

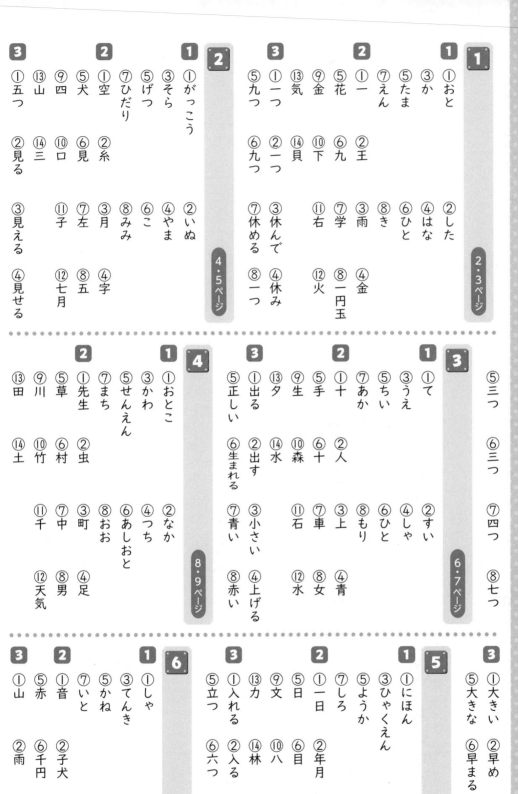

4

①休み　②正しい　③一つ　④早め

⑤大きな　⑥上げる　⑦入る　⑧出る

⑨小さい　⑩白い